Richard Goldschmidt

Was ist Geld?

Ein Beitrag zur Lösung der sozialen Fragen

Richard Goldschmidt

Was ist Geld?
Ein Beitrag zur Lösung der sozialen Fragen

ISBN/EAN: 9783743300767

Hergestellt in Europa, USA, Kanada, Australien, Japan

Cover: Foto ©Suzi / pixelio.de

Manufactured and distributed by brebook publishing software (www.brebook.com)

Richard Goldschmidt

Was ist Geld?

Was ist Geld?

Ein Beitrag zur Lösung der sozialen Fragen

von

Richard Goldschmidt
Landgerichtsrat

Leipzig
Fr. Wilh. Grunow
1894

Vorwort

Das Werden ist kein schroffer Gegensatz von Sein und Nichtsein, es ist die wunderbare Vereinigung der Bejahung und der Verneinung des Seins. Wenn die Sonne aufgeht, ist sie zugleich da und noch nicht da, sagt Hegel. So ist es auch in dem Werdegang geschichtlicher Entwicklung. Jeder Abschnitt in der geschichtlichen Entwicklung ist gleich einem frisches Grün treibenden Baume, auf dem noch die welken Blätter des Vorjahrs haften; er vermittelt die Verbindung von Vergangenheit und Zukunft in dem ewigen Zeitenlauf, die Gegenwart ist zugleich Vergangenheit, die nicht mehr ist, und Zukunft, die noch nicht ist. So sind auch die Ideen der großen französischen Revolution nicht etwa mit ihr plötzlich hervorgetreten; unter einer Gesellschaftsordnung, die sich von mittelalterlichen Einrichtungen noch nicht völlig freigemacht hatte, wurden sie geboren. Wie wird sich nun aber unsre Zukunft gestalten? Wird sie die Resultate der schweren Geistesarbeit von Jahrtausenden herübernehmen, oder wird sie sich auf den Trümmern der alten Kultur neu aufbauen und nur an jene Mächte anknüpfen, die schon in unsern Tagen allem Bestehenden feindlich sind und auf dem Gebiet der Wissenschaften kurzweg der Darwinismus genannt werden können? Es ist nicht zu leugnen, den Geisteswissenschaften der alten Kultur, der Philosophie, Theologie und Jurisprudenz fehlt es an Jugendfrische, sie haben etwas Greisenhaftes an sich. Schon Goethe sprach gelegentlich aus: Alles Gescheite ist schon gedacht worden; man muß nur versuchen, es noch einmal zu denken. Welches Bekenntnis der Altersschwäche liegt in diesen Worten! Lassen sich in dieser alten Welt wirklich keine neuen Gedanken mehr finden, dann ist auch jeder Fortschritt unmöglich, und wo dieser fehlt, da mangelt auch die Lebenskraft und tritt notwendig Siechtum ein. Die Fruchtbarkeit des Denkens hat aufgehört, nur die Form der Darstellung und eine öde Gelehrsamkeit haben Wert behalten. An Stelle des Genies tritt das gute Gedächtnis und die mechanische Arbeitskraft in den Vordergrund. Wie zu Zeiten des byzantinischen Reichs hält man die Wissenschaften, soweit sie nicht auf sinnlicher Wahrnehmung beruhen, für abgeschlossen, man kann nicht produzieren, sondern nur konservieren und sucht schablonenmäßig die wertvollen Gedanken der Gesamtlitteratur zu ordnen. Die erkünstelten Scheingebilde auf dem Gebiete der Philosophie konnten nur vorübergehend durch eine täuschende Dialektik das Ansehen der Schöpfung einer lebensvollen Wahrheit aufrecht erhalten. Eine erschreckende Gleichgiltigkeit gegen alles Philosophische und Religiöse hat um sich gegriffen, und das Gefährliche dieser Erscheinung wird nicht durch die Frivolität gemildert, mit der viele hergebrachten Anschauungen, die sie für Vorurteile halten, aus Zweckmäßigkeitsgründen huldigen. Nur der Darwinismus tritt mit jugendlicher Frische auf, auch sind überall deutlich die Spuren seiner Zersetzung des Alten erkennbar. Der Gerechtigkeit will er zwar nicht das Schwert, aber die Wage entreißen; der Verbrecher ist die unverschuldete Gewordenheit physischer Abstammung, man darf ihn strafen, wie man Irre und sonstige Kranke zu heilen oder wenigstens unschädlich zu machen sucht. Selbstverantwortung und Selbstverschuldung haben aufgehört. Und doch ist nicht anzunehmen, daß dem Darwinismus trotz seiner Jugendfrische, seiner bestrickenden Macht auch nur die nächste Zukunft gehören wird, seine unerträgliche Einseitigkeit wird die Menschheit vor dieser Verirrung bewahren. Er hat zunächst das Walten einer Vorsehung geleugnet, weil sämtlichen natürlichen Gebilden das Gepräge zweckmäßiger Schöpfung fehle, und das Zweckmäßige sich nur in dem vom Selbsterhaltungstrieb um das Dasein geführten Kampfe ausgebildet habe.

Vorausgesetzt, daß die thatsächlichen Unterlagen dieser Anschauung richtig seien, so liegt doch eigentlich ein innerer Widerspruch in ihr. Ist nämlich der Selbsterhaltungskampf für sich allein geeignet, das Zweckmäßige in der Natur zur Geltung zu bringen, so war es doch höchst zweckmäßig, die Natur auf dieses einfache Prinzip zu stellen und sie ihrer Entwicklung zu überlassen. Nun tritt aber neben den Selbsterhaltungstrieb der Trieb zur Erhaltung der Gattung, und man wird anerkennen müssen, daß diese beiden Triebe grundverschieden sind und einander oft bekämpfen; auch ist von einsichtsvoller Seite darauf hingewiesen worden, daß sich in dem angeblichen Selbsterhaltungskampfe so manches zweckmäßige Organ gebildet habe, das einer sehr langen Entwicklung durch viele Generationen bedurfte, bevor es der Selbsterhaltung dienen konnte und nutzbringend im Kampfe zu verwenden war. Auf welche Weise ist dem Organ als Embryo in unvordenklicher Zeit, als es noch nicht tauglich zum Kampfe war, das Dasein und die Entwicklungsfähigkeit erhalten worden? Die Antwort, daß es nicht geschont worden sei, um die Art zu erhalten, sondern die Art erhalten worden sei, weil es geschont wurde, enthält eine nicht nachweisbare und unbefriedigende Behauptung. Die Gesetze des Darwinismus erklären vieles, aber nicht alles; fast scheint es, daß man sie weniger wegen dessen, was sie leisten, so begeistert verficht, als weil sie die alten Anschauungen zerstören. Die Geltung des Gesetzes hört auf, wo die Freiheit beginnt. Aber in dem Walten der Natur giebt es keine Freiheit, alles regelt sich nach ewigen, ehernen, großen Gesetzen, und ebenso ist es mit dem Denken unsers Verstandes, das selbst an unabänderliche logische Gesetze gebunden ist und nichts als denkbar zulassen will, was auf sich widersprechenden Voraussetzungen beruht.

So muß das befriedigende Denken stets zum Gesetze führen und zeigen, daß alles, was geschehen ist und geschieht, mit Notwendigkeit geschehen mußte und geschieht. Nun wird aber ebenso wie den Vorgängen in der Natur auch dem menschlichen Willen, der sie beeinflußt und von ihnen beeinflußt wird, die Freiheit als ein Widerspruch gegen das notwendige gesetzmäßige Geschehen abgesprochen. Die Willensfreiheit soll bloß eine Täuschung sein, die darauf beruhe, daß wir uns wohl unsrer

Handlungen, nicht aber ihrer notwendigen Gründe bewußt würden. Aber schon mehren sich die Anzeichen, daß mit der strengen Durchführung dieser Weltauffassung ihre Unhaltbarkeit erkannt wird. Wohl ist es wahr, daß die Voraussetzung der Willensfreiheit des Menschen gegen das Kausalitätsgesetz verstößt und deshalb ein logischer Widerspruch ist, aber doch nicht anders, als jedes Unerklärliche, das man dadurch nicht erklärlich macht, daß man es leugnet. Ist benn nicht alles auf der irdischen Welt in fortwährendem Werden und Vergehen begriffen, und beruht nicht das Werden selbst, jene unerklärliche Vereinigung von Sein und Nichtsein, auf sich widersprechenden Voraussetzungen? Soll man es wegen dieses Widerspruchs leugnen? Ob man mit den Darwinisten sagt, die Welt ist ewig, oder mit den Theologen, die Welt hat einen Anfang und ist von Gott geschaffen, man stößt immer auf eine der vier Antinomien Kants, d. h. auf eine mit sich selbst im Widerspruch stehende Voraussetzung. Schon Hegel wollte weitergehen und nicht überall für unrichtig halten, was sich logisch widerspricht; ihn hat auch der Widerspruch sehr beschäftigt, daß in der Mathematik das unendlich Kleine mitunter noch eine Größe ist, die nicht vernachlässigt werden darf, mitunter aber nicht in Rechnung gezogen werden kann. Und in der That scheint auch unsre exakteste Wissenschaft ihre glänzendsten Resultate imaginären Größen und solchen, die nicht ohne einen gewissen logischen Widerspruch gedacht werden können, zu verdanken.

Es ist hier nicht der Ort, näher darauf einzugehen, daß die Voraussetzungen unsrer gesamten Vorstellungen auf logischen Widersprüchen beruhen;

das Werden, die Veränderung, das Mögliche gegenüber dem Notwendigen, die Freiheit gegenüber dem Gesetze, ja selbst die Bewegung oder umgekehrt die Gegenwart in dem ewigen Flusse der Zeit sind Vorstellungen, in denen schon die Griechen das Widerspruchsvolle erkannten. Ich erinnere hier nur an ihre berühmten Beweise, daß der fliegende Pfeil ruhe und nur das Wirkliche möglich sei. Ohne jene Vorstellungen lassen sich jedoch nur Hirngespinste, denen die Wirklichkeit widerspricht, ausklügeln. Auf welcher Geistesthätigkeit des Menschen beruhen nun aber diese grundlegenden Vorstellungen? Mag man ihre Quelle Vernunft nennen oder einen andern Namen wählen, jedenfalls liegt in dem Denken des Menschen ein instinktiver Zug, dessen sich auch der krasseste Materialist nur mit Worten, nicht aber thatsächlich entschlagen kann, ein Zug, der es ihm ermöglicht, die den Gesetzen seines Verstandes widersprechenden, für sein Dasein unentbehrlichen Vorstellungen zu gewinnen und instinktiv zweckmäßig zu denken, noch bevor ihm der Zweck selbst zum Bewußtsein gekommen ist.

Die Einseitigkeit der mechanischen Weltanschauung, die ihren zersetzenden Einfluß auf Kunst und Wissenschaft übt, indem sie naturalistisch das Ideale zerstört und Realität entsprechend der Logik des menschlichen Verstandes nur in dem Materiellen findet, hat die Geldwirtschaft bisher unangefochten gelassen, weil sie dem Gelde lediglich materiellen Wert beilegt. Es soll nun aber nachgewiesen werden, daß gerade das Geld einen imaginären Wert hat und seine unangegriffne Herrschaft nur seiner Unentbehrlichkeit verdankt, daß seine Schöpfung auf einer instinktiven Handlung des menschlichen Geistes beruht und seine Macht im

Widerspruch mit der Logik menschlichen Verstandes steht.

Die Geschichte der Völker und die der einzelnen Menschen spielt sich unter dem Widerspruch unabänderlicher, von ihnen unabhängiger Gewordenheit und ihres eignen freien Thuns ab. Die Freiheit ist das immerfort sich erneuernde Gleichnis des Wunders der Schöpfung. Wo die Freiheit fehlt, wo alles notwendig geschieht, da ist Lob und Tadel, jedes Urteil über gut und böse eine unbedachte Phrase. Alle Gesellschaftsordnung beruht auf dem Widerspruch der Freiheit des Individuums und der Unterordnung des Individuums unter die Gesellschaft. Der Unterschied der Rassen und des Zeitgeistes spiegelt sich in der Abgrenzung der beiden sich widersprechenden Größen. Diese Thaten des menschlichen Instinkts werden überall, weil sie sich dialektisch nicht beweisen lassen, aus einem weitern instinktiven Geisteszug durch religiöse Weihe gefestigt.

Mir liegt eine sehr umfangreiche Aufgabe am Herzen. Positiv möchte ich zeigen, daß allem menschlichen Mühen das logisch widerspruchsvolle aber instinktive Bewußtsein einer Kulturmission zu Grunde liegt, und daß ihm seine Arbeit nur durch ein Sittengesetz ermöglicht wird, das dem logischen Verstande widerspricht, instinktiv gewonnen ist und in den ewigen Worten des Dichters Ausdruck findet: Dies eine fühl' ich und erkenn' es klar: das Leben ist der Güter höchstes nicht, der Übel größtes aber ist die Schuld; sodann möchte ich negativ zeigen, daß alles Denken, das nur das für berechtigt hält, was sich dialektisch begründen läßt, von den Zeiten der Eleaten und Sophisten bis auf die heutige Zeit stets auf den toten

Punkt, auf den Nihilismus in des Worts verwegenster Bedeutung führen mußte. Schließlich möchte ich den Grenzen aller jener widerspruchsvollen, dem menschlichen Erkennen zu Grunde liegenden Voraussetzungen nachspüren, um festzustellen, wann es anfängt wahr zu sein, daß ein auf sich widersprechenden Voraussetzungen beruhender Gedanke unrichtig sein muß.

Niemand weiß jedoch, wann seinem Wirken das Ziel gesteckt ist, und jeder ist berufen, an den Aufgaben seiner Zeit nach seinen Kräften mitzuarbeiten. Aus dem Rahmen der großen Arbeit entnehme ich ein möglichst abgekürztes Bruchstück, das so charakteristisch als möglich das instinktive menschliche Thun zeigen kann und mir geeignet erscheint, Irrungen, die im Leben unsrer Zeit eine so große Rolle spielen, mit Erfolg entgegenzutreten. Die imaginäre Natur des Geldes soll beweisen, daß die Berechnung eines Durchschnittseinkommens nach Gelde keinen realen Wert hat, daß andrerseits aber auch die Vermehrung von Arbeitsgelegenheit die soziale Frage nicht zu lösen vermag und alle realistischen volkswirtschaftlichen Berechnungen sich des Geldmaßstabs nur mit größter Vorsicht bedienen dürfen. Ohne Erkenntnis der imaginären Natur des Geldes sind Milliarden vergeudet und werden bei der Erörterung der Währungs- und Agrarpolitik Gesichtspunkte unberücksichtigt gelassen, deren Beachtung den wesentlichsten Einfluß auf jede richtige Entscheidung üben muß. Und dann noch eins: Die Zeit der Alchimisten ist vorüber. Es mag freilich noch viele Leute geben, die da meinen, daß alles soziale Elend beseitigt werden könnte, wenn man nur verstände, Gold zu machen; aber dieser Aberglaube ist unschädlich, weil anscheinend das Vertrauen gänzlich geschwunden ist, daß es der menschlichen Kunst gelingen werde, geringwertige Stoffe in Gold zu verwandeln. Der unsre Zeit beeinflussende Aberglaube ist der Wahn des nackten Rationalismus, daß es zur Heilung aller sozialen Schäden nur darauf ankäme, eine neue Wirtschaftsordnung auszuklügeln und das Festhalten an der historischen Entwicklung als Vorurteil zu brandmarken. Hat aber der instinktive Geisteszug, wie er sich geschichtlich bewahrheitet, seine volle Berechtigung, dann muß sich auch zeigen lassen, daß in der Wirklichkeit kein Raum für einen durch einseitige Verstandeslogik geschaffnen Staat ist.

Inhalt

1. Das Geld 1
   1. Die Macht des Geldes 1
      Teilung des Geldeinkommens — Einfluß der Geldwirtschaft auf die Arbeitsteilung — Geld auch ohne Warenqualität möglich
   2. Das Wesen des Geldes 7
      Geld ein imaginärer Wert — Die Preisbildung — Der Bimetallismus — Die Papiervaluta und die Silberwährung — Geldüberfluß und Geldknappheit — Die richtige Währungspolitik
2. Das Geld und unsre Volkswirtschaft 32
   1. Die Entwicklung des Kapitalbegriffs . . . 32
   2. Fiktion eines isolierten Staates 38
      Die illusorischen Werte bei der Berechnung des Vermögens und Einkommens eines Volkes — Schranken der Kapitalvermehrung — Licht- und Schattenseiten der privatkapitalistischen Wirtschaft
   3. Der Einfluß des Völkerverkehrs auf das Vermögen und Einkommen des einzelnen Volkes 73
3. Unsre Volkswirtschaft und die Sozialdemokratie . 89
Anmerkungen 100

Das Geld

1. Die Macht des Geldes

In unsern Tagen bewegt nichts so sehr die Herzen der Menschen, als die Ungleichheit des Besitzes an Geld. Einzelne vereinigen in ihren Händen so viele Millionen an Einkommen, als Hunterttausend andre kaum zusammen aufzubringen imstande sind. Die besitzlosen Massen aber streben darnach, dieser Ungleichheit ein Ende zu bereiten, wenn es notthut, mit Gewalt, und ihre eigne Lebenslage durch die gleiche Verteilung des Gesamteinkommens zu verbessern. Dies Bestreben werden manche nach Recht und Sitte für verwerflich halten, andre, die weiter blicken, werden auch erkennen, daß bei einer Neuordnung, die nur gewaltsam herbeigeführt werden könnte, die mit der geschichtlichen Entwicklung brechen und den gesunden Egoismus des einzelnen Menschen außer Acht lassen wollte, das Gesamteinkommen beträchtlich sinken, und unsre ganze Kultur gefährdet werden müßte. Im allgemeinen wird zwar die Berechnung, daß die Teilung wenigstens vorerst den Massen eine Erhöhung ihres Einkommens bringen müßte, für richtig gehalten, und dennoch muß sie sich bei näherer Überlegung als falsch herausstellen. Man hat die soziale Frage eine Magenfrage genannt. Geht man hiervon aus und läßt das Geld zunächst beiseite, so findet man, daß schon in unsrer jetzigen Gesellschaftsordnung die Landwirtschaft bestrebt ist, die für die weitere Produktion entbehrlichen Überschüsse ihrer Erzeugnisse an Korn und sonstigen Lebensmitteln zum Konsum zu veräußern, und daß diese Vorräte auch wirklich insgesamt verzehrt werden. Ist dies aber in der That so, werden alle erzeugten Vorräte an Lebensmitteln verzehrt, so ist die Frage berechtigt, wo denn die Nahrungsmittel herkommen sollen, die in der erstrebten sozialistischen Gesellschaftsordnung die gesteigerte Ernährung der Massen ermöglichen sollen? Es ist einleuchtend und wird selbst von sozialistischen Agitatoren nicht geleugnet werden, daß hierzu eine anderweite Verteilung des Geldeinkommens an sich nicht das geringste beizutragen vermöchte. Daß sich die wenigen Reichen den Magen überladen können, hat wohl noch niemand viel angefochten, und wohl kein vernünftiger Mensch wird sich von der Einschränkung ihrer Mahlzeiten einen Gewinn für die Ernährung der Massen versprechen. Wenn aber die wenigen und ausgesuchten Leckerbissen der Millionäre die Volksernährung nicht schmälern, was nutzt es dem Magen der Massen, daß man den Reichen die Mittel entzieht, in Palästen zu wohnen, ihre Wände mit Gemälden zu schmücken, in Karossen zu fahren und sich in kostbare Kleider zu hüllen? Das einzige, was anscheinend helfen könnte, wäre doch wohl allein die Steigerung der Produktion von Nahrungsmitteln, und der Beweis fehlt, daß diese gerade bei dem sozialistischen Zukunftsstaat eintreten würde.

Es ist sogar fraglich, ob sie überhaupt möglich wäre; nach der Theorie von Malthus wird die Produktion der Lebensmittel immer gegen die Vermehrung der Menschen zurückbleiben.[1])

Zur Bekämpfung solcher auf eine phantastische Weltordnung mit einem erträumten materiellen Wohlleben aller Menschen gerichteten Bestrebungen ist das erste Erfordernis, erst einmal tiefer in das Wesen des Geldes einzudringen. Wer dem Kindesalter entwachsen ist, weiß, was das Geld ist, und vermag seine Bedeutung zu schätzen. In der That ist kaum ein andres Maß so unentbehrlich wie das Geld, ohne das der wirtschaftliche Verkehr nur in der primitivsten Form gedacht werden kann. Jedermann ist tagtäglich auf den Eintausch von Waren und auf die Belohnung von Leistungen angewiesen und würde darauf verzichten müssen, wenn nicht im Gelde ein Maßstab für den Wert der Ware und das Entgelt für Leistungen enthalten wäre. Man wird wohl noch weiter gehen und sagen müssen, daß erst der durch das Geld ermöglichte Tauschverkehr eine Arbeitsteilung herbeigeführt hat, die den Einzelnen von der Sorge und Mühe befreit, seinen täglichen Bedarf selbst zu erzeugen. Bei den Kulturvölkern hat schon in grauer Vorzeit, noch unter vorwiegender Naturalwirtschaft und vor den Anfängen der Arbeitsteilung, der Gebrauch ungeprägten Metalls als Geld eine gewisse Rolle gespielt. Der freie Arbeiter konnte sich aber erst dann entschließen, seine gesamte Thätigkeit fremden Bedürfnissen zu widmen, als durch ein Entgelt seiner Arbeit für seine eignen Bedürfnisse gesorgt war. Dazu konnten Tauschobjekte nicht dienen, sondern nur das Geld als Bewertung aller Tausch=

objekte, und es ist nicht zu viel gesagt, daß der Gebrauch des Geldes die Voraussetzung einer entwickelten Arbeitsteilung ist.

Um die Bedeutung des Geldes richtig zu würdigen, muß man sich die Erfolge der Arbeitsteilung vergegenwärtigen. Die Arbeitsteilung allein ermöglicht uns den Gebrauch oder Verbrauch irgend einer Sache, die wir nicht selbst hergestellt haben. Derartiger Sachen bedient sich aber in kultivierten Ländern der gewöhnlichste Mann, der einfachste Handwerker vielfach und an jedem Tage. So stellt der Handwerker weder die Stoffe her, die er bearbeitet, noch das Material zu seinen Werkzeugen, und er verfertigt auch diese nicht selbst. Im Groß- und im Kleinbetriebe wird mit sehr komplizierten Werkzeugen und Maschinen gearbeitet, und selten wird das zum Verbrauch fertige Erzeugnis unmittelbar aus Rohstoffen hergestellt. Gewöhnlich ist es in seinen einzelnen Teilen einer Stufenleiter der Bearbeitung unterworfen, und auch diese Teile entstehen häufig aus der Zusammensetzung einer größern Zahl von Halbfabrikaten. Gegenstände, die der einzelne Mensch täglich benutzt und sich unter Aufwand weniger Geldmittel verschafft, würde er ohne fremde Hilfe nicht mit der Arbeit seines ganzen Lebens in gleicher Vollendung herzustellen vermögen, selbst wenn er sich durch eifriges Studium die Kenntnis ihrer Herstellung verschafft hätte. Wie vieler kunstreicher Maschinen würde er bedürfen, um nur ein einziges Kleidungsstück, einen Hut anzufertigen, und wie vieler Verrichtungen und Arbeiten, um das Material für die Maschinen und Werkzeuge seiner Arbeiten zu gewinnen! So beruht die hohe Entwicklung unsrer Kultur, ihre unendliche Überlegenheit über die der wilden Völkerschaften im wesentlichen auf der Arbeitsteilung, und diese ist wiederum nur durch die Geldwirtschaft entwickelt worden. Als ein charakteristisches Zeichen für die Unentbehrlichkeit des Geldes möchte ich es anführen, daß sich selbst Bellamy in seinen Utopien nicht vom Gelde losgesagt hat.

Man streitet sich in der Theorie, ob das Geld als Wertrepräsentant nur eine Ware sei wie jede andre Ware und sich von der übrigen Ware nur durch die besondre Eigenschaft als Wertmesser unterscheide, oder ob ihm die Natur der Ware überhaupt abgehe. Soweit wir aber die Entwicklung des Geldverkehrs in der Geschichte verfolgen können, sehen wir, daß es anfänglich als Ware gegeben und genommen wurde. Es muß auch dem menschlichen Verstande absurd erscheinen, daß der Wertmesser für andre Ware nicht selbst einen Warenwert haben sollte; es wäre dasselbe, als wollte man von einem Kilogramm ohne eignes Gewicht, von einem Meter ohne Ausdehnung sprechen. Und dennoch ist nicht zu leugnen, daß es Papiergeld ohne Metalldeckung gegeben hat und giebt, und man muß dieser Erscheinung gegenüber zugeben, daß trotz aller historischen und verstandesmäßigen Gründe der Grundsatz nicht aufrecht erhalten werden kann, daß dem Gelde notwendig Warenqualität beiwohnen müsse.

Wir stehen vor der Macht des Geldes wie vor einem Wunder, und oft genug hat auch der Mensch den Wunderdoktor im Gelde erblickt, der alle wirtschaftlichen Übel zu heben vermöchte. Damit ist der Ausgangspunkt gegeben, bei dem wir für das Wesen des Geldes als das eigentliche Problem die Frage aufgeworfen sehen, aus welchen Quellen das Geld seine dämonische Macht geschöpft habe. Ob Ware oder nicht, es muß uns auffallen, daß etwas so außerordentlich und vorzugsweise begehrenswert erscheint, das an sich keinem einzigen menschlichen Bedürfnisse Genüge leisten kann, und das sich selbst als Metall zu Schmuck oder zu sonstigen Gebrauchsgegenständen doch eigentlich nur dann verwerten läßt, wenn es durch Verarbeitung seine Natur als Geld eingebüßt hat. Man wird doch als vernünftiger Mensch das Geld nie zu einem andern Zweck begehren, als um sich zur Erreichung irgend eines Zwecks seiner wieder entäußern zu können.

Man darf nun seine Erwartungen nicht zu hoch spannen, wenn hier die Lösung dieser Rätsel versucht wird. Der praktische Instinkt der Menschen wird sich stets einer Sache schon bemächtigt haben, bevor eine Theorie für sie gefunden wird, und andrerseits läßt sich auch keine einzelne Wahrheit aus dem Zusammenhang der Dinge lösen und ohne eine Fülle von Voraussetzungen darstellen. Und doch verfallen wir, obgleich wir fühlen und wissen, daß unsrer Erkenntnis Grenzen gezogen sind, immer von neuem in den Fehler, zu wähnen, daß wir für die Einzelerscheinung, den einzelnen Begriff das untrügliche, fehlerfreie Gesetz gefunden haben. Solche Gesetze giebt es nicht und kann es nicht geben. Würde ein einziges solches Gesetz gefunden, so läge das ganze Weltall erschlossen vor uns. Und wäre unser Auge das Auge der Wahrheit, so ist doch das Licht, mit Hilfe dessen wir sehen, sind die Schwingungen, durch die wir hören, die Reize, die uns fühlen lassen, die unentbehrlichen Mittel unsrer Wahrnehmung. Es giebt keine Grenze, die nicht der Sache anhaftete und mit einer andern Sache zusammenhinge, nichts ohne Umgebung, die nicht wieder Umgebung hätte, bis der Zusammenhang des Weltalls hergestellt ist. Alles Vergängliche ist nur ein Gleichnis, wie auf dem Gebiet der Erscheinungen, so ist es auch in dem Reich der Begriffe. Das ganze Kausalitätsgesetz, jede Erklärung überhaupt setzt stillschweigend den Zusammenhang der Dinge voraus und beruht auf ihm. Das Wunder ist nichts als die der geltenden Erklärung widersprechende Zusammenhanglosigkeit einer Erscheinung. Jede einzelne Vorstellung des Denkens und Seins, jeder Begriff, jede Anschauung, auch die Regeln über unsre eignen Denkgesetze einschließlich aller mathematischen Folgerungen bis in die äußersten Grenzen des Erkennens verfolgt, sind wahr, weil sie wahr sind, nicht aber, weil man ihre Wahrheit beweisen kann.[2])

2. Das Wesen des Geldes

Die englischen Philosophen Hobbes und namentlich Locke haben angefangen, zwischen primären und sekundären Eigenschaften der Dinge zu unterscheiden. Primäre Eigenschaften sind darnach solche, die von mehrern Sinnen zugleich wahrgenommen werden, den Dingen der Außenwelt, den Objekten, unzweifelhaft zukommen, von ihnen unzertrennlich sind und also „objektive Realität haben," wie Ausdehnung und Bewegbarkeit, die sowohl von dem Auge als von dem Tastsinn wahrgenommen werden können; sekundäre solche, die nicht von mehrern Sinnen zugleich, sondern nur von einem einzigen Sinne wahrgenommen werden, wie Farbe, Ton, Geschmack. Diese sekundären Eigenschaften sollen keine objektive Realität haben, sondern durchweg auf einer Täuschuog des wahrnehmenden Sinnes beruhen. Die Empfindung der sekundären Eigenschaften hat freilich, wie nicht verkannt worden ist, eine reale Veranlassung, die jedoch nicht die der Wirklichkeit entsprechende Wahrnehmung hervorrufen soll, weil durch die Organisation des wahrnehmenden Sinnes eine Täuschung veranlaßt werde. So liegt nachweisbar der Wahrnehmung des Sonnenauf- und Untergangs die reale Veranlassung der veränderten Stellung der Erde zur Sonne und eine durch den einzelnen Sinn des Auges vermittelte Täuschung zu Grunde. Die Wahrnehmungen der sekundären Eigenschaften werden deshalb als abhängig von der Organisation des wahrnehmenden Sinnes nur subjektiv genannt.

Diese Unterscheidung ist nicht erschöpfend, je nach dem Verhältnis der Dinge zu einander und zur menschlichen Auffassung werden wir in dreifacher Hinsicht zu unterscheiden haben: erstens Eigenschaften, die den Dingen zukommen müßten, auch wenn wir uns das Weltall menschenleer denken, sind zweifellos von objektiver Realität, wie z. B. Ausdehnung und Bewegung. Dann: Eigenschaften, die den Dingen anhaften würden, falls auch nur ein einziger normaler Mensch sie beobachtete. Das sind die Eigenschaften, von denen wir uns sagen müssen, daß der Eindruck, den wir von ihnen empfangen, subjektiv, abhängig von der Organisation unsrer Sinne und andrer Vermittlungen ist, die mit der Eigenschaft nicht direkt zusammenhängen, sodaß die Wahrnehmung der Eigen=

schaft zwar richtig sein kann, aber nicht richtig zu sein braucht, jedenfalls aber der Eigenschaft eine Realität, wenn auch nicht in der von uns wahrgenommenen Art, zu Grunde liegen muß. So Farbe, Klang und scheinbare Bewegung der Dinge im Gegensatz zu ihrer wirklichen Bewegung, wie beim Sonnenaufgang und Sonnenuntergang. Drittens aber kommen wir zu einer neuen ganz subjektiven Art der Eigenschaft, die der objektiven Realität nicht nur möglicherweise entbehren kann, sondern der die objektive Realität ganz notwendig fehlen muß. Das ist die Eigenschaft eines Dinges, von der wir uns sagen müssen, daß sie ohne die Existenz von mindestens zwei Menschen niemals vorhanden sein könnte, die Eigenschaft, die lediglich der menschliche Verkehr erschaffen haben kann. Die verschiedne Wertschätzung der Dinge würde auch schon eintreten, wenn nur ein einzelner Mensch sein liebeleeres und freundschaftsloses Dasein in dem Weltall fristen müßte, niemals aber würde er Gelegenheit zu einer Tauschwertschätzung finden können. Der Tauschwert beruht lediglich auf dem menschlichen Verkehr und ist eine nur durch ihn den Dingen beigelegte Eigenschaft. Hieraus folgt, daß der Tauschwert und seine Messung niemals eine objektive Realität haben konnte und niemals haben wird. Das wesentliche Erfordernis, das das Geld zum Wertmesser geeignet macht, liegt nicht in der Sache, sondern im Menschen. Die Eigenschaften, die in der Sache liegen, wie Teilbarkeit, Seltenheit und Dauerhaftigkeit des Edelmetalls, haben nicht die Kraft, den Edelmetallen eine den Dingen fremdartige Eigenschaft zu erschaffen, sondern können sich nur dem menschlichen Geiste aus praktischen Rücksichten em=

pfehlen. Deshalb ist es eine Wahrheit, die ihre Wirkungen weit über das wirtschaftliche Gebiet hinaus äußert, daß der schnöde Mammon seine Macht nicht einer materiellen Eigenschaft, sondern der übersinnlichen menschlichen Natur verdankt. Wir werden an das Wort erinnert, daß der Glaube Berge versetzen kann; was der Mensch notwendig braucht, das kann er wirklich erschaffen, indem er es glaubt, und mit Erstaunen sehen wir, daß die krassen Materialisten, die dem Mammon so überzeugungstreu opfern, sich selber verspotten. In der sittlichen Weltordnung wollen sie nichts gelten lassen, was nicht sinnlich nachweisbar ist, und dennoch läßt sich ihre ganze stolze herzlose Kultur mitsamt der materiellen Wohlfahrt nicht auf sinnlichen Nachweis und logisches Denken allein gründen. In der Gedankenwelt finden wir mannigfache Vorstellungen, denen nicht nur nichts in der Wirklichkeit entspricht, sondern die auch insofern der Objektivität gänzlich entbehren, als sie erst durch den Verkehr der Menschen in unsre Vorstellungen hinein getragen worden sind und ohne diesen Verkehr jedenfalls nicht bethätigt werden könnten. So könnte zwar im Lauf der Zeiten der Einzelmensch seine Sittlichkeitsgefühle in hohem Maße entfalten, von Gewissensbissen gequält werden, wenn er gegen die ihm von der Natur oder von dem Schöpfer seines Daseins vorgeschriebnen Gesetze gefehlt hätte, indem er die Vorstellung bei sich entwickelte, daß er pflichtwidrig gehandelt und dem Schöpfer seines Daseins nicht den schuldigen Dank gezollt habe; das Recht aber würde jeder Bethätigung entbehren, da es nur in der Wechselbeziehung des Menschen zum Menschen begründet ist. Daher mag es auch kommen, daß wir das Recht in fortwährendem Wandel sehen, und so manche Berechtigung, der entgegenzutreten früher als ein Vergehen betrachtet wurde, heute nicht straflos beansprucht werden darf. Ebenso ist es bei der Religion. Gewiß werden wir geneigt sein, den Religionsvorstellungen der alten und auch aller lebenden nicht christlichen Völker jede Wirklichkeit abzusprechen, die ihnen ja auch, soweit sie nicht etwa mit der christlichen Überlieferung in irgend einem Punkte zusammen fallen, fehlen muß. Aber auch die Religionsanschauungen sind nicht minder wechselnd und schwankend gewesen als das Recht, und Buddhisten und Mohammedaner berufen sich mit gleicher Überzeugung auf ihre Überlieferungen wie die Christen. Wenn nun aber die Religion der Objektivität in gleicher Weise entbehrt wie das Einzelrecht, wäre sie darum minder wahr für den Menschen? Nur sehr langsam haben wir uns zu der Anschauung erheben können, daß es sicherlich nicht gerade geistig arme Römer waren, die in ererbter Frömmigkeit ihren Göttern opferten, und daß es ein sehr berechtigtes Gefühl der Griechen war, wenn sie ihre Götter nicht von geistreichen Leuten verspottet und mißachtet sehen wollten. Das allbekannte Wort: wenn es keinen Heiland gäbe, so müßte er erfunden werden, ist für jeden, der sich ein aufgeklärtes religiöses Empfinden bewahrt hat, eine tiefe Wahrheit.

Wie vielfach nun aber auch in der Gedankenwelt die Vorstellungen ohne Objektivität sein mögen, so weit ich in der materiellen Welt Umschau halte, scheint mir das Geld der einzige Stoff zu sein, dem wir eine ideelle Kraft beilegen, die jeder Objektivität entbehrt. Dabei übersehen wir nicht, daß auch in manchen andern Fällen bei Dingen Eigenschaften angenommen werden, die nicht sinnlich wahrnehmbar sind. Ich erinnere an die Regimentsfahne, die Reliquie, den Grabhügel und jedes Symbol. In allen diesen Fällen geht aber der Mensch, soweit er sich nicht einer Illusion mit Wissen und Willen hingiebt, von einer überirdischen die Kraft schaffenden Weihe aus. Aristoteles hat, ohne die Realität der Geldwirtschaft in Zweifel zu ziehen, entsprechend der griechischen Bezeichnung für Geld das Gesetz als den Urheber des Geldwesens betrachtet. Ich möchte meinen, daß das Gesetz auch hier nur sanktioniert hat, was durch das Herkommen bereits in Geltung war, gerade so wie die Staatsreligionen nicht durch Gesetz geschaffen werden können, sondern durch Gesetz nur Schutz erhalten. Auch hat sich im ganzen Laufe der Geschichte des Geldwesens gezeigt, daß auf die Dauer alle Gesetze, die sich nicht mit der Überzeugung und dem Herkommen der Völker, ihrem Vertrauen zu dem Wertgehalte des Geldes in Einklang zu setzen verstehen, ohne Macht auf die Wertschätzung des Geldes bleiben.

Die ganz wunderbare Erscheinung einer mit der Materie verbundnen Kraft ohne objektive Realität macht uns den Umstand erklärlich, daß es Papiergeld ohne Metalldeckung geben kann, da für die rein ideelle Kraft des Wertmessers das Papier ganz eben solche Dienste zu leisten vermag wie das Edelmetall. Schopenhauer sagt, daß der Wahrheit allezeit nur ein kurzes Siegesfest beschieden sei, zwischen den beiden langen Zeiträumen, wo sie als paradox verdammt und als trivial gering geschätzt werde. Mir will es aber fast scheinen, als wenn die Behauptung, daß dem Gelde nur ein eingebildeter Wert innewohne, so handgreiflich auf Wahrheit beruhe, daß sie gar nicht erst angefochten werden könne und von vornherein als trivial betrachtet werden müsse. Bei der Rolle, die nun aber einmal die Geldwirtschaft spielt, wird es doch besser sein, die imaginäre Natur des Geldes als eine neue Theorie zu betrachten, die eine Revision der hergebrachten volkswirtschaftlichen Anschauungen fordert; und ich möchte diese Theorie, ohne für die Folgerungen den gleichen Anspruch auf Unumstößlichkeit zu erheben und unter Vorbehalt einer eingehendern Entwicklung an andrer Stelle, für eine fruchtbare Errungenschaft ansehen. Die Folgerungen aber, die ich hier vorläufig nur ganz kurz entwickeln kann, laufen nach zwei verschiednen Richtungen. Es sind solche, bei denen die richtige Theorie vom Gelde eine direkte Beantwortung zuläßt, und solche, bei denen sich eine große Menge wirtschaftlicher Irrtümer nur dadurch erklärt, daß die Natur des den wirtschaftlichen Verkehr vermittelnden Geldes die wahren Vorgänge verschleiert hat.

Die sogenannten Manchestermänner, die, wie ich ohne Mißachtung sagen möchte, in dem Kultus des Mammondienstes den Priesterstand bilden, haben durch ihre praktischen Erfahrungen manchen sehr zutreffenden Gedanken über das Geld geäußert. Sie bekämpfen mit Recht jede Unsolidität der Geldwirtschaft, sie wissen, daß das Edelmetall ein Volk noch nicht reich macht, daß Spanien nach der Entdeckung Amerikas unter einer Fülle von Gold- und Silbereinfuhr verarmt ist. Sie wissen ferner, daß nur der naive Mensch sich wundern kann: weshalb bei schlechten

Zeiten die Leute kein Geld hätten, während doch das Geld nicht aus dem Lande verschwunden sei; und daß nicht etwa das Brot, das in frühern Jahrhunderten keinen geringern Nährwert hatte als heute, gegen jene Zeiten soviel teurer, sondern der Pfennig soviel billiger geworden ist. Sie schreiben deshalb anscheinend am klarsten und einleuchtendsten, weil sie von der imaginären Natur des Geldes ganz absehen und somit imstande sind, die verstandesmäßig schlüssigsten Beweise zu führen. Sie gehen davon aus, daß der Mensch keine Macht über den Wert des Metalls habe, dieses nach seiner Grundnatur seinen Wert in sich selbst trage, und ihm der Stempel nur die Urkunde seines Wertes aufdrücke. Diese Auffassung ist nun sicherlich ganz unrichtig. Nichts trägt seinen Wert in sich selbst, sondern alles hat ihn nur in seiner Beziehung zum Menschen, und dieser hat die Macht über das Metall. Unterwertige Prägungen, ungedecktes Papiergeld und Zwangskurs wären nicht möglich, wenn es anders wäre. Die manchmal mehr oder weniger große und schnelle Entwertung solchen Geldes spricht nicht im geringsten dagegen, sondern nur gegen die Unumschränktheit der Macht der den Wert bestimmenden Autorität und beweist, daß das Volk sich den Mißbrauch der Macht durch die Obrigkeit nicht gefallen läßt. Im Gegenteil müßte doch selbst für jeden, der keine Neigung oder nicht die Kraft hat, sich in Abstraktionen zu vertiefen, die andauernde Geltung der unterwertig geprägten Scheidemünze den greifbaren Beweis liefern, daß man wenigstens in gewissen Grenzen freie Macht über das Metall hat. Aber auch diese Grenzen, von denen wir später noch einige Worte zu sprechen haben, liegen nicht im

Metall, sondern wiederum lediglich im Menschen, obwohl für die Grenzziehung reale Verhältnisse bestimmend oder wenigstens mitbestimmend sind.

Verkennt man nun dies wahre Verhältnis, so muß man zu immer weitergreifenden falschen wirtschaftlichen Grundsätzen kommen, die zwar sehr verbreitet sein können, aber dennoch immer irrtümlich sein müssen. So definiert ein scharfsinniger Finanzmann die Kaufkraft des Geldes wie folgt: „Ein Zwanzigmarkstück ist eine Anweisung auf den Teil der jeweilig zum Tausch verfügbaren materiellen und ideellen Güter, der sich zur Gesamtheit aller jeweilig zum Tausche gegen Geld verfügbaren Güter verhält wie das Zwanzigmarkstück zur Gesamtheit des jeweilig gegen solche Güter zum Tausche verfügbaren Geldes." Dieser Ausspruch fängt erst an einen Schein von Berechtigung zu bekommen, wenn er durch eine notwendige Ergänzung aufgehört hat, praktische Bedeutung zu haben. Es ist jedermann bekannt, daß Wechsel und Kredite Geldwert haben, jedermann wird aber einsehen, daß es ganz unberechenbar ist, in welchem Umfange solche Kredite in einem bestimmten Augenblicke gerade in Anspruch genommen und gegeben werden. Die Division durch das Zwanzigmarkstück darf sich nun aber nicht auf das zum Kaufe verfügbare bare Geld beschränken, sondern muß auch den übrigen verfügbaren Geldwert berücksichtigen — d. h. also, sie ist einfach unmöglich. Die Gleichung unsers Finanzmannes soll offenbar nur eine Anwendung der Theorie sein, daß die Preise durch Angebot und Nachfrage geregelt werden. Indem man aber eingesehen hat, daß wie einerseits die verfügbaren Kaufmittel unbegrenzt erscheinen müssen, andrerseits auch die verfügbaren Kaufobjekte ganz unübersehbar sind, ist man dazu fortgeschritten, in Angebot und Nachfrage nicht einen wirklichen Regulator, sondern nur das Bestreben zur Regelung der Preise zu finden. Man wird aber noch weiter gehen müssen, wenn man sich die Verhältnisse, wie sie auf dem großen und dem kleinen Markt liegen, veranschaulicht. Sowohl im Verkehr auf dem Weltmarkt wie im Kleinhandel steht sich das Bestreben des einen, möglichst vorteilhaft einzukaufen, und das des andern, möglichst vorteilhaft zu verkaufen, gegenüber, und der Preis wird nicht sowohl durch das Verhältnis der jeweilig thatsächlich vorhandnen Kaufmittel und Güter festgesetzt, als durch die Schätzung der Zahlungsfähigkeit der Käufer auf der Seite der Verkäufer, und der Schätzung der Leistungsfähigkeit der Verkäufer auf der Seite der Käufer, also durch die Meinung über Angebot und Nachfrage.

So zeigt sich, daß meistens den Preisverhältnissen nur eine Wahrscheinlichkeitsberechnung zu Grunde liegt, und diese Berechnung wiederum auf Ansichten beruht, die mit den wirklichen Verhältnissen im Einklang stehen können, aber nicht zu stehen brauchen. Der Kaufmann, der eine Sache nicht zum eignen Gebrauche kauft, sondern um sie wieder zu veräußern, prüft sie weniger auf ihre Würdigkeit, als darnach, wie sie nach der Ansicht der Mitmenschen geschätzt werden wird. Diese Ansichten, auch wenn sie noch so thöricht sind, bestimmen die Preise, und nicht der innere Wert. Ein Land, das nach der Überzeugung jedes Einsichtigen dicht vor dem Staatsbankrott steht, wird dennoch mit gutem Erfolge neue Anleihen aufzunehmen imstande sein, wenn die öffentliche Meinung es trotz seiner zerrütteten Finanzlage für kreditfähig hält. In den

Gründerjahren wurden kleine Streifen Landes in der Nähe von Berlin als Bauterrains mit hohen Summen bezahlt, obwohl jeder Einsichtige erkennen mußte, daß die von den Baugesellschaften erworbnen Landflächen den Bedarf an Baugrundstücken noch dann überschreiten würden, wenn sich die damals auf eine Million belaufende Einwohnerzahl Berlins verzwanzigfacht haben würde. Selbst jetzt ist noch nicht das letzte Wort über die Bildung der Preisverhältnisse gesprochen. Unmittelbar haben die Preise für die Bedarfsgegenstände des täglichen Lebens in den seltensten Fällen etwas mit der Meinung über Angebot und Nachfrage zu schaffen, sie werden hauptsächlich durch das Herkommen geregelt. Der Verkäufer wird selbst bei geringem Vorrat einer Ware und reichlicher Kaufkraft gegenüber seinen Preis nicht über die Grenzen des Ortsüblichen hinaus stellen können, da sonst überhaupt nichts gekauft würde; und andrerseits wird es dem Käufer mit geringen Kaufmitteln auch bei großem Vorrat an Waren, wenn diese nicht gerade dem Verderben ausgesetzt sind, kaum gelingen, den Preis unter den örtlichen Satz herabzudrücken. Ob der Geldwert fällt oder steigt, läßt sich nur beurteilen, wenn man die augenblickliche Kaufkraft des Geldes mit der vergleicht, die es früher hatte, sobaß jedes Urteil über den Geldwert (also auch über teuer und billig) von der historisch gegebnen Höhe dieses Werts abhängig ist, und diese Höhe ist im täglichen Leben bei sehr vielen Gegenständen und Arbeitsleistungen durch Jahrzehnte hindurch feststehend, und zwar so feststehend, daß wir bei denselben Herstellungsbedingungen und gleichen Unkosten der Lebenshaltung an verschiednen Orten verschiedne Preise finden, und an denselben Orten selbst bei erheblicher Veränderung der Herstellungsbedingungen und den Unkosten der Lebenshaltung unveränderte Preise, z. B. in den Restaurationen, bei Konditorwaren, Droschken- und Dienstmännertarifen, Beamtenbesoldung u. s. w. Jedes Urteil über billig oder teuer, selbst wenn es nicht nur das Kaufobjekt selbst, sondern dessen Herstellungskosten betrachtet, kann sich also nur an die historisch entwickelten Preise halten, da es keinen andern Maßstab giebt. Mit der Voraussetzungslosigkeit läßt sich auch in der Volkswirtschaft nichts anfangen. Wie Sprache und Staat nicht auf Verträgen beruhen, sondern geschichtlich geworden sind, so ist es auch das menschliche Verkehrswesen. Es ist richtig, daß sich bei manchen ganz unentbehrlichen Lebensmitteln tagtäglich Preisschwankungen zeigen. Wenn sich solche Schwankungen nicht auf den Kleinverkehr übertragen, so ist dies allein durch das zähe Festhalten an der historisch gegebnen Höhe der Kaufkraft des Geldes zu erklären. Dringen aber die Schwankungen bis zu dem Kleinverkehr durch, werden Brot und Fleisch billiger oder teurer, so ist es wiederum das Festhalten an den historisch gewordnen Preisen, was den Arbeitslohn und damit den Preis der Arbeitsprodukte nicht unmittelbar fallen oder steigen läßt. Für jede vernünftige Währungspolitik wird der Grundsatz maßgebend bleiben müssen, daß durch das zur Prägung gewählte Metall die historisch gewordne Kaufkraft des Geldes keine brüsken Veränderungen erleiden darf.

Am meisten Verwirrung hat wohl eine Theorie angerichtet, die sich am wenigsten von der Wahrheit zu entfernen und zunächst viel vernünftiges zu enthalten scheint, und der sich auch die sozialdemokratische Lehre mit nicht zu verkennendem Geschick bemächtigt hat. Darnach soll die Quelle aller Tauschwerte, alles Reichtums die menschliche Arbeit sein. Schon früher hat man das Kapital aufgespeicherte Arbeit genannt, und immer mehr ist die Meinung verbreitet worden, daß sich der Tauschwert einer Ware nach der auf sie verwandten Arbeit bestimmen müsse, gerade so wie man sich gewöhnt hat, von einem wirklichen Wert nach Maßgabe der aufgewandten Selbstkosten zu sprechen. Marx hat diese Lehre ausgebeutet, um das Kapital als die Aufhäufung des über den Lohn der Arbeiter erzielten Mehrwerts der Arbeitserzeugnisse zu erklären. Daß der Arbeitgeber den Arbeiter nicht in dessen, sondern in seinem eignen Interesse beschäftigt, wird zwar bei unsrer Wirtschaftsordnung im allgemeinen zutreffen, damit ist aber für die Richtigkeit der Marxschen Formel nichts gewonnen. Wäre es richtig, daß die Arbeit, oder vielleicht besser, daß die Kosten des Unterhalts der Arbeiter einen auch nur annähernd zuverlässigen Maßstab für die Preisbildung abgeben könnten, dann würde man freilich einen objektiven Maßstab gefunden haben. Aber dem steht gegenüber, daß sich die Arbeit sehr nach Art und Gediegenheit unterscheidet. An der Theorie ist nur das richtig, daß bei der Abhängigkeit aller Preise von einander der Unterhaltswert für den einzelnen Lohnarbeiter eine ganz besonders wichtige Rolle spielt; falsch ist, daß die Arbeit die Quelle alles Reichtums sei und auch nur im Durchschnitt einen Maßstab bei der Tauschwertschätzung abgäbe. Es ist wohl nicht zu leugnen, wenn es in Wahrheit auch nicht von großer Bedeutung ist, daß überall, wo wir einem Tauschobjekt begegnen, eine menschliche Thätigkeit, also eine Arbeit im weitesten Sinn, stattgefunden hat. Aber der Fischer, der mit seinem Netze eine kostbare Perle hebt, hat doch nicht mehr Arbeit aufgewandt, als sein Genosse, der nur geringwertige Fische fängt. Auf den Acker, der das achtfache Korn bringt, ist oft mehr Arbeit verwandt worden, als auf den, der es vierzigfach bringt, ohne daß diese gewaltige Verschiedenheit der Arbeitsleistung einen Unterschied im Nährwert oder Tauschwert des gleichen Maßes von Frucht der beiden Ernten machte. Der menschliche Verstand wäre wohl niemals zu so unhaltbaren Theorien gelangt, wenn er sich nicht immer und immer wieder die unlösbare Aufgabe gestellt hätte, einen objektiven Maßstab für das zu finden, was sich objektiv nicht messen läßt. Schon vor Jahrhunderten ist einem Nationalökonomen das Unzulängliche des Geldes, das an sich weder Hunger noch Durst zu stillen vermag, nicht kleiden und nicht wärmen kann, als Wertmesser aufgefallen, er wollte einen andern objektiven Maßstab gewinnen, aber seine Arbeit war natürlich vergeblich. Eine innere Notwendigkeit, das Edelmetall, und zwar gerade das Gold oder das Silber oder auch beides zusammen, als Geld zu verwerten, giebt es nicht und kann es auch nach der richtigen Auffassung von dem Wesen des Geldes nicht geben, wohl aber können sie nach der Rolle, die sie nunmehr bei allen kultivierten Völkern spielen, für die ihnen vom Menschen beigelegten Zwecke besonders geeignet sein.

Unser idealster Dichter, Schiller, hat in einer Anwandlung von Materialismus einmal den Ausspruch gethan: Einstweilen, bis den Bau der Welt Philosophie zusammenhält, erhält sie ihr Getriebe durch Hunger und durch Liebe — unsre Materialisten haben dann klüglich noch hinzugefügt: durch Eitelkeit; sie meinen, daß das Edelmetall, das so wenig Bedürfnisse befriedigen kann und so vorzugsweise der menschlichen Eitelkeit dient, gerade auch dadurch seine bevorzugte Stellung als Geld gewonnen habe —; diese materialistischen Anschauungen haben aber keinen realen Boden. Die Nahrungsmittel, das unentbehrlichste materielle Bedürfnis des Menschen, sind bei ihrer verschiednen Beschaffenheit schwer zu konservieren und dazu über ein gewisses Maß hinaus für den Einzelnen wertlos. Wollte sich der Mensch durch seine eigne Macht Geld bilden, so mußte er wohl darauf verfallen, einen Stoff zu wählen, durch dessen vielfachen Gebrauch im Verkehr die Befriedigung seiner Lebensbedürfnisse nicht geschmälert wird, er durfte nicht daran denken, die zu dem Lebensunterhalt unentbehrlichen Gegenstände als Geld zu verwenden, und wegen ihrer verhältnismäßig leichten Entbehrlichkeit mußten sich ihm hierzu gerade die Edelmetalle ganz besonders empfehlen.

Man meint vielleicht, da man sich heutzutage leider daran gewöhnt hat, alle wirtschaftlichen Fragen nur vom Parteistandpunkte aus zu betrachten, ich beabsichtige für den Bimetallismus einzutreten. Nichts liegt mir ferner. Zunächst suche ich nicht eine richtige Theorie der Wertmessung aufzustellen, um eine einzelne wirtschaftliche Frage, und wäre sie noch so wichtig, zu lösen, und dann ist nach den bisherigen Ausführungen gerade die Währungspolitik von so vielfachen Wahrscheinlichkeitsberechnungen abhängig, daß es ganz verfehlt wäre, wenn ich die Überzeugungskraft meiner Theorie durch einen parteiischen Standpunkt gefährden wollte. Eine Parteinahme für den Bimetallismus liegt mir weder nahe, noch erscheint sie mir, obgleich auch die Beweisführung der Goldwährungsmänner durchaus nicht stichhaltig ist, mit Rücksicht auf die thatsächlichen Verhältnisse angebracht. Die Münze kann in einem ganz reellen Verhältnisse zu dem Werte des Metalls stehen, aus dem sie geprägt ist. An sich ist freilich der eingebildete Wert, der dem aus Gold und Silber angefertigten Gelde gegeben ist, nicht an diese Schranke gebunden. Wenn der Mensch sich einmal zu einem eingebildeten Wertmaßstabe entschloß, so lag es auch in seiner Willkür, dem zur Münze verarbeiteten hundertsten Teil eines Barren Silbers einen viel höhern Wert beizulegen, als er in der That dem Barren gegenüber hat. Dies ist z. B. bei den zur Zeit in Deutschland im Umlauf befindlichen Silbermünzen thatsächlich der Fall; aber es wäre gefährlich, wenn unsre Münzpolitik diesen Umstand ausnutzen und Silbergeld in großem Maßstabe einführen wollte, ohne Rücksicht darauf zu nehmen, welcher wirkliche Metallwert ihm in seinem Verhältnisse zum Golde beikommt. Das wäre eine Unreellität, die weit über den notwendigen imaginären Charakter des Geldwertes hinaus ginge und nicht in der Absicht der Menschen liegen könnte; es müßte vielmehr als ein Mißbrauch der Münzgewalt betrachtet werden und ließe sich auch gar nicht in großem Maßstabe aufrecht erhalten. Es ist klar, daß eine derartige Politik bei sinkenden Silberpreisen der Falschmünzerei Vorschub leisten müßte, die eben auch aus billigem Silber teures Geld, und zwar ganz vollwichtiges, prägen könnte, und daß eine solche Politik dem Auslande gegenüber überhaupt nur durch Konventionen Geltung erlangen könnte.

Solche Konventionen werden aber in Zukunft kaum geschlossen und schon deshalb nur von ganz besonders interessierten Staaten befürwortet werden, weil sich kein Staat freiwillig der Gefahr aussetzen wird, durch die Falschmünzerei in andern Ländern erhebliche Nachteile zu erleiden.

Obwohl also die Macht des Goldes und des Silbers als Wertmessers lediglich eingebildet und ohne objektiven Gehalt ist, und diese Illusion es gestattet, den Teil des Metalls, der als Geldstück verarbeitet ist, höher zu bewerten, als ihm nach seinem Metallgehalte wirklich zukommt, so ist dennoch auch bei der höhern Bewertung das Verhältnis des Metallgehalts thatsächlich vorhanden und für die Berechnung der höhern Bewertung, wie hoch oder wie niedrig diese auch immer ausfallen möge, naturgemäß maßgebend. Nehmen wir also an, daß ein Land mit Silberwährung seine sämtlichen Münzen einschließlich der Scheidemünzen aus Silber schlägt und aus einem Pfund feinen Silbers 60 Silberkronen prägt, so würde es in diesem Verhältnis halbe Silberkronen, die es zu den Scheidemünzen rechnet, nur 120 aus einem Pfund feinen Silbers schlagen können. Thatsächlich schlägt es aber nicht nur 120, sondern 180 halbe Silberkronen, und dessen ungeachtet gelten in dem Lande zwei halbe Silberkronen genau so viel wie eine Silberkrone. Derartige höhere Bewertung der Scheidemünzen finden wir in allen Staaten. Sie ändern aber natürlich an dem thatsächlichen Verhältnis des Metallgehalts nichts, und bei unserm Beispiel würde sich die Berechnung dahin zu stellen haben, daß die halben Kronen zu den ganzen Kronen um ein Drittel höher bewertet sind. Dieses reale Verhältnis des Geldstücks zu dem Metall, aus dem es gearbeitet ist, hat mit der Geldmacht an sich nicht das geringste zu schaffen, in ihr liegt aber der eigentliche Grund für die Täuschung, daß der Geldwert selbst etwas reales sei. Die Erfahrung lehrt, daß dem Auslande gegenüber sich die Bewertung des Geldstücks nur nach seinem wahren Metallgehalt aufrecht erhalten läßt, und dadurch müssen indirekt auch im Inlande die unterwertig geprägten Metallstücke an Wert verlieren; dies geschieht jedoch nur dann, wenn die Prägungen das Verkehrsbedürfnis des Inlandes übersteigen. Der Bimetallismus könnte deshalb nur dann praktisch durchgeführt werden, wenn es sicher wäre, daß das Silber bei dem erheblich gesteigerten Bedarf, zu dem seine Ausmünzung zu Geld führen würde, das Wertverhältnis dauernd zu behaupten vermöchte, zu dem es sich einführen ließe. Leichter als das Wagnis einer solchen Spekulation wäre aber wohl die Einführung der Papier- oder Silbervaluta, weil dann wenigstens die Verwicklungen, die durch das schwankende Wertverhältnis verschiedner Metalle entstehen, vermieden werden.

Damit soll aber nicht im entferntesten einer dieser beiden Valuten das Wort geredet sein. Die Papiervaluta ist eigentlich ein auf der Grundlage des Edelmetallwerts zinslos in Anspruch genommner Staatskredit. Sie hat das für sich, daß sie mit den denkbar geringsten Unkosten dem Staate sehr bedeutende Mittel verschafft, und sie wird deshalb auch in bestimmten Grenzen von Staaten mit Metallvaluta benutzt. Von der unbeschränkten Papiervaluta aber suchen doch alle Staaten loszukommen, sobald es ihnen ihre Mittel nur erlauben. Es liegt eben in der Papiervaluta eine gewisse Unehrlichkeit, da sie gar nicht bestehen könnte, wenn sich alle Staaten ihrer unbeschränkt bedienen wollten. Der Bedarf an Edelmetall würde dann so stark beschränkt werden, daß dadurch der gesamte Geldverkehr der Welt Schiffbruch leiden könnte. Außerdem aber wäre die Papiervaluta deshalb am wenigsten geeignet, einen annähernd stetigen Geldwert zu bieten, weil zu den Schwankungen des Metallwerts, auf dessen Grundlage der Staat durch Ausgabe von Papiergeld Kredit in Anspruch genommen hat, auch noch die Schwankungen hinzukämen, die durch eine stets veränderliche Schätzung der Kreditwürdigkeit des Staates veranlaßt werden, sodaß sie am ehesten versagen würde, wenn sie am meisten gebraucht werden würde. Ohne einen sehr umfangreichen Kriegsschatz, der der Metallbedeckung gleichkommen müßte, könnte sie einen Staat zu Grunde richten.

Viel annehmbarer erschiene noch immer die Silbervaluta. Jedes Land hat ein großes Interesse daran, das Edelmetall, das es selbst erzeugt, als Geld zu verwerten. Die Möglichkeit, sich der eignen Landesschätze zu bedienen, verhütet, daß dem Auslande erhebliche Wertobjekte für den Geldbedarf hingegeben werden müssen. Aber man wird sich doch sehr zu überlegen haben, ob man auch unter solchen Bedingungen eine bestehende Währung aufgeben darf, um eine andre einzuführen. Ein Land, das große Auslagen für seine bestehende Währung gehabt hat, muß zunächst großes Interesse an der Erhaltung des Wertes seiner Valuta haben, wenn es nicht bedeutende Verluste erleiden will. Dann hängt aber auch der Nutzen aus der Landesproduktion nach der

Natur des internationalen Geldverkehrs von dem Umfange der Produktion andrer Länder ab. Man erzählt, daß ein Perserkönig die Ägypter mit einer besondern List überwunden habe. Sie verehrten in der Katze eine Gottheit, und der Perserkönig gab seinen Soldaten eine Katze mit, die sie in der Schlacht hervorzogen und den Ägyptern entgegenhielten. Da fielen diese in Frömmigkeit anbetend nieder, ließen sich von den Persern erschlagen, und das Land wurde erobert. Wollten wir vergessen, daß das Silber wie jedes Edelmetall nur insoweit eine Geldmacht ist, als wir es willkürlich dazu gemacht haben, wollten wir in dieser Willkür und in dem festen Glauben an die Macht des Silbers die günstigern Produktionsbedingungen des Auslandes unbeachtet lassen, dann würden wir es machen wie die Ägypter, wir würden uns gleichsam vor der Geldkatze fremder Völker, die unerschöpfliche Silberminen haben, beugen müssen; weil sich unser eignes Silber nur spärlich und mit vieler Arbeit, also mit hohen Kosten gewinnen läßt, würden sie unsre Paläste und Güter auszukaufen imstande sein und das unbesiegte Land ökonomisch überwinden. Thatsächlich ist in den letzten zwanzig Jahren trotz der nachteiligen Preiskonjunktur die Produktion des Silbers im Verhältnis von 320 zu 850 gestiegen. Die eingetretene Entwertung trifft unsre eigne Produktion in einem Verhältnis von ungefähr 30 zu 850, sodaß wir, da das Geld immer nur einen relativen Wert hat, gegenüber den Produktionen des Auslandes, namentlich Amerikas, ohne Entwertung des Silbers einen viel größern Nachteil haben würden, weil die Einbuße, die wir an unsrer Produktion von 30 Millionen Mark erlitten haben, viel geringer ist als die Nachteile, die wir erleiden müßten, wenn die Hunderte von Millionen der Produktion Amerikas ungeschwächte Kaufkraft behielten, und wir für die in Amerika entbehrlichen Silberbarren unsre Produktionswerte hingeben müßten.³)

Hier drängen sich zwei Fragen von selbst auf: Hat das Land an der Vermehrung seines Bargeldes ein Interesse, und: Ist ihm eine steigende oder eine sinkende Valuta nützlich? Die beiden Fragen hängen eng mit einander zusammen, da die Valuta bei Geldknappheit steigende und bei Geldüberfluß sinkende Tendenz haben muß. Noch im vorigen Jahrhundert war es die allgemein herrschende Ansicht, daß für die Wohlfahrt eines Volks alles darauf ankäme, das Metallgeld im Lande zu erhalten und so viel als möglich davon anzuhäufen. Nun ist ja auch das Bestreben, das für den Verkehr des Landes nötige und mit den Kräften des Landes bezahlte Geld diesem zu erhalten, ganz berechtigt, aber jede Vermehrung der Geldmittel darüber hinaus ist eine Kraftvergeudung, die im allgemeinen nur nachteilig wirken kann. Das Geld hat eben immer nur eine relative Bedeutung und kann an sich nicht reicher machen. Wenn jedem Einwohner eines Landes aus einer Kriegskontribution 100 Mark gegeben würden und gleichzeitig die Fürsorge getroffen werden könnte, daß diese 100 Mark nur für Inlandserzeugnisse ausgegeben werden dürften, so würde der Tauschverkehr im Lande wohl erheblich gesteigert werden, es würde auch eine Verschiebung der Konsumtion eintreten, im ganzen würden aber nicht mehr Bedarfsgegenstände verbraucht werden als vor der Verteilung, diese würden nur teurer werden, d. h. mit mehr Geld bezahlt werden müssen als vorher. Ebenso wäre es auch mit der Weltwirtschaft. Die Gesamtheit der Menschen würde nicht reicher werden, wenn alle Länder und Völker der Welt ihr Geld vermehren wollten. Die übermäßige Vermehrung des Geldes in einem Lande wird also eigentlich nur durch die Beziehungen dieses Landes zum Auslande von Bedeutung; sie muß die Preise im Inlande steigern und dadurch das überflüssige Geld in das Ausland treiben, wo sich die Ware billiger erhalten hat, und so eine ungünstige Handelsbilanz herbeiführen. Damit ist freilich nicht gesagt, daß nicht Einzelne eines Landes aus der sinkenden Valuta großen Vorteil haben können. Alle Geldschuldner, alle Grundbesitzer, deren Eigentum mit Hypotheken belastet ist, haben von dem Sinken der Valuta ersichtlichen Vorteil. Ebenso ist auch der industrielle Arbeitgeber wenigstens vorübergehend beim Sinken des Geldwerts vorteilhafter gestellt, denn die sinkende Valuta hat auf viele Dinge und namentlich auch auf die Löhne nicht den unmittelbaren Einfluß, den sie haben müßte, wenn nicht die historische Preisgestaltung eine so große Rolle im Verkehr spielte.[1]

Noch schlimmer als der Geldüberfluß ist die Geldknappheit, bei der die Preise im Inlande aus Mangel an Geld gedrückt werden, und das Geld des Auslandes dem Inlande gegenüber eine relativ zu hohe Bedeutung gewinnt. An sich wird freilich der steigende Wert des Metallgelds eine günstige Handelsbilanz zur Folge haben, indem die Billigkeit der Ware das Geld des Auslands in das Inland zieht, und soweit dieses geschieht, wird man auch gemeinhin die hohe Valuta als günstig für das Land bezeichnen können. Man sollte aber nicht übersehen, daß ein

Land, das aus Geldknappheit eine hohe Valuta hat, nicht allein seine Produkte, sondern auch seine produktiven Anlagen und seine Rententitel an das Ausland abgeben wird. Das Ausland erwirbt die Staatspapiere, die Aktien und Schuldverschreibungen von Eisenbahnen, Bergwerken, Hütten, Gasanstalten und sonstigen industriellen Anlagen und errichtet mit seinem Gelde wohl selbst derartige Anlagen, sodaß ein großer Teil der Erträgnisse des inländischen Gewerbefleißes als Schuldzins an das Ausland abgegeben werden muß. Solche Abgaben sind viel nachteiliger, als eine günstige Handelsbilanz vorteilhaft sein kann, sie bedeuten die moderne Tributpflicht des einen Landes gegen das andre, und es ist das traurigste Denkmal der ökonomischen Verwirrung, daß viele Leute, die berufen sind, für die Wohlfahrt des Landes zu sorgen, es für einen besondern Vorteil erachten, wenn in ein so kapitalkräftiges Land, wie das Deutsche Reich, fremde Kapitalien ihren Einzug halten. Auf diesen Punkt wird noch an andrer Stelle zurückzukommen sein, hier aber mag erwähnt werden, damit nicht ein scheinbarer Widerspruch in den vorstehenden Ausführungen gefunden wird, daß es natürlich nur nützlich ist, wenn unser etwaiger Metallgeldüberfluß für den Erwerb fremder produktiver Anlagen verwandt werden kann; er wird dann weder die Preise im Inlande ungemessen steigern, noch die Handelsbilanz ungünstig gestalten, noch überhaupt als Überfluß zu Tage treten, weil ein derartiger Geldabfluß zunächst den preissteigernden Überfluß beseitigt, und weil mit dem abgegebnen Gelde nicht im Auslande produzirte Waren eingekauft werden sollen, sondern das Geld dazu bestimmt ist, daß für unsre

Rechnung und zu unserm Nutzen im Auslande gearbeitet wird.

Da die Arbeitsteilung mit sich bringt, daß die wenigsten Erzeugnisse eines Landes von den Erzeugern selbst verbraucht werden können, so sind fast alle Erzeugnisse eines Landes zum Verkauf bestimmt. Ein hoher Geldbedarf ist also für die Produktionskraft eines Landes und seinen Handel ein sehr günstiges Zeichen.

Andrerseits ist aber das Bestreben gerechtfertigt, da doch Metallgeld immer nur mit großen Kosten angeschafft werden kann, den Bedarf an Geldvorrat soweit herabzudrücken, als es die Leistungsfähigkeit des Geldumlaufs nur irgend gestattet. Ein solides Bankwesen fördert die Schnelligkeit des Geldumlaufs und ermöglicht durch bloße Umschreibung in jeder Minute eine Reihe von Zahlungen auch unter Parteien, die örtlich von einander entfernt sind, und ohne Metalltransport. Durch derartige Einrichtungen mit dem zuverlässigen Rückhalt der Metalldeckung für alle auszugleichenden Verbindlichkeiten den Bedarf an Geldvorrat herabzudrücken ist ein großer ökonomischer Vorteil, während die Herabdrückung des Bedarfs durch eine ungesunde Kreditwirtschaft im Laufe der Zeit die größten Nachteile zur Folge haben muß.

Als Resultat dieser Betrachtungen ergiebt sich der oben ausgesprochne Grundsatz, daß für den Geldbedarf eines Landes ein Edelmetall als Geldwert zu suchen ist, das die historische Kaufkraft des Geldes möglichst festzuhalten gestattet. Aus der Theorie des Geldes geht freilich hervor, daß sich dies nur sehr unvollkommen erreichen läßt, da alle Produktionen, und auch die des Edelmetalls selbst, natür=

lichen Schwankungen ausgesetzt sind, während die Schwankung einer einzigen Produktion, wie z. B. von Kohlen oder Eisen, genügt, die Preisbildung aller übrigen von ihnen abhängigen Produktionen zu verändern.

Wer aber mehr erreichen will, wer nach einem festen Maßstabe sucht, der stellt sich die Aufgabe, die Bewegung in der Ruhe zu betrachten!

Das Geld und unsre Volkswirtschaft

1. Entwicklung des Kapitalbegriffs

In der Volkswirtschaftslehre wird von Kapital und Arbeit gesprochen und der Volksreichtum von diesen beiden Kräften hergeleitet. Kapital können nun die verschiedensten Sachgüter sein, aber das einzelne Sachgut kann bald Kapital sein, bald auch nicht, je nach der augenblicklichen Bestimmung, die ihm der Eigentümer giebt. So sind Gemälde und Statuen ein Kapital, so lange sie sich in der Hand ihrer Verfertiger oder der Händler befinden, also zum Verkauf stehen, nicht aber, wenn sie zur Zierde der Wohnräume aufgestellt worden sind. Der Nachen ist in der Hand des Fährmanns ein Kapital, wer ihn sich aber zu seinen Lustfahrten angeschafft hat, kann ihn nicht als Kapital betrachten. Beispiele dieser Art ließen sich zahllos anführen. Vor allem aber verhält es sich mit dem Gelde so, das in der Hand des einen seine Bestimmung als Kapital erhält, von dem andern aber vergraben werden mag oder ihm nur Ausgabebedürfnisse decken soll. Kapital bedeutet dem Wortlaute nach einen Grundstock, und es wird im allgemeinen als Grundstock definiert, der über sich selbst hinaus einen wirtschaftlichen Ertrag abwirft. Da bei volkswirtschaftlichen Betrachtungen zwischen Kapital und Arbeit unterschieden werden muß, so dürfen wir uns dadurch nicht täuschen lassen, wenn mitunter die Leistungsfähigkeit eines Künstlers oder Arbeiters „Kapital" genannt wird, und wenn man z. B. von einer Sängerin sagt, sie habe in ihrer Stimme ein Kapital. Der Grundstock kann nicht aus der Geschicklichkeit und Leistungsfähigkeit des Arbeiters, sondern nur aus Sachgütern bestehen. Durch die Geldwirtschaft treten aber neben dem Sachgut selbst, das den wirtschaftlichen Ertrag liefert, Geld und Sachwerte als Kapitalkraft auf. Sachgüter sind Gegenstände, die durch ihren Gebrauch oder Verbrauch die natürlichen menschlichen Bedürfnisse zu befriedigen imstande oder zur Produktion derartiger Gegenstände der Befriedigung der menschlichen Bedürfnisse geeignet sind. Das Warenlager eines Kaufmanns, die Mietkaserne, das Landgut sind Kapitalanlagen, die Sachgüter zum Inhalt haben. Geld und Sachwerte, als Wechsel, Forderungen und Inhaberpapiere, der sogenannte papierne Reichtum, beschaffen die Sachgüter und repräsentieren sie. Geld und Geldeswert sind Kapitalien, die durch Beschaffung von Sachgütern oder durch Darleihung an andre, die damit Sachgüter anschaffen, wirtschaftliche Erträge abwerfen. Geld, Wechsel und Forderungen können aber direkt kein einziges natürliches Bedürfnis des Menschen befriedigen und sind deshalb auch kein eigentliches Sachgut, sondern nur Sachwert. Wenn das Geld dazu verwandt wird, Forderungen wie Staatsanleihen oder Aktien zu erwerben, so ist Sachwert für Sachwert hingegeben. Auch die Aktie ist für sich kein Sachgut, sondern repräsentiert nur einen Anteil an Sachgütern, die zur Produktion bestimmt sind. Man ist sogar soweit gegangen, das Kapital einen **Inbegriff produktiver Sachwerte zu nennen**. In der That spielen auch an den Mittelpunkten des Handelsverkehrs, den Börsen, Geld und Sachwerte die Hauptrolle. Dadurch hört aber das Sachgut nicht auf, nur allein das eigentlich Produktive zu sein, da Geld und Sachwerte nur durch ihre Beziehung zum Sachgut Produktivkraft haben. — Nach der wirtschaftlichen Entwicklung der Kulturvölker wird also als Grundstock des Kapitals Sachgut, Geld und Sachwert angesehen. Die übliche Definition bedarf aber noch einer weitern Berichtigung. Jedes Kapital ist nämlich nur **seiner Bestimmung nach** eine wirtschaftliche Produktivkraft, da es viele Kapitalien giebt, die über ihren Grundstock hinaus keinen Nutzen abwerfen, sondern sich verringern oder gar aufzehren. So wird das unverkäufliche Warenlager eines Kaufmanns im Laufe der Zeit meist minderwertig werden, und das in eine Brauerei oder ein Bergwerk gesteckte Kapital vollends verloren gehen, wenn die Betriebe wegen Mangels an Absatz oder wegen Unergiebigkeit des Baus eingestellt werden müssen.

Auf die Frage, wie hoch sich das Kapital eines Landes beläuft, wird hiernach die den hergebrachten Begriffen entsprechende Antwort dahin zu lauten haben, daß sämtliche Sachgüter, Gelder und Sachwerte, die dazu bestimmt sind, über ihren Grundstock hinaus einen wirtschaftlichen Nutzen abzuwerfen, das Kapital des Landes ausmachen.

Dieser herkömmliche Kapitalbegriff ist für die Bestimmung des Volkswohlstandes wertlos, und zwar aus einem doppelten Grunde. Zunächst weil Geld und Sachwerte keine natürlichen Bedürfnisse des Menschen befriedigen, also auch durch sich selbst den eigentlichen Wohlstand des Volkes nicht vermehren können, und sodann, weil für den Volkswohlstand nicht die Kapitalien in Betracht kommen können, die bloß dazu bestimmt sind, wirtschaftliche Erträge abzuwerfen, sondern nur die Kapitalien, die wirklich produktiv sind, mit denen neue Sachgüter zur Befriedigung menschlicher Bedürfnisse gewonnen werden. Ein stetiges Fortschreiten des Volkswohlstandes ist nur durch Produktivkapital, d.h. durch solches Sachgut, aus dem neues Sachgut gewonnen wird, möglich. Volkswirtschaftlich ist deshalb zwischen dem hergebrachten Kapitalbegriff und dem Produktivkapital durchaus zu unterscheiden. Die Warenlager der Kaufleute, die Mietkasernen sind Sachgüter, die hohe wirtschaftliche Erträge abwerfen können, aber nichts produzieren, zum Gesamtvermögen in einem Lande gehören, aber kein weiteres Fortschreiten des Volkswohlstandes herbeiführen. Für die fortschreitende Entwicklung des Volkswohlstandes kann nur die Steigerung des Produktivkapitals in Betracht kommen. Die Warenvorräte eines Volks, namentlich die Luxuswaren, lassen sich unbegrenzt anhäufen, während die Vermehrung des Produktivkapitals auf große Schwierigkeiten stößt. Die wirtschaftliche Zukunft eines Volks hängt aber nicht von dem Anwachsen seines Reichtums, von der Vermehrung seines Vorrats an nützlichen und angenehmen Sachgütern ab, sondern in erster Linie von der Vermehrung seines Produktivkapitals, und hierbei ist das Produktivkapital das wichtigste, dessen Erzeugnisse die natürlichen Lebensbedürfnisse der Menschen am meisten befriedigen, während

das Produktivkapital, das nur Sachgüter liefert, die
keinen Absatz finden, als nutzlos betrachtet werden
muß. Also ist bei dem Produktivkapital noch zwischen
nützlicher und überflüssiger Produktion streng zu unter=
scheiden.

Produktive Sachgüter und andre Sachgüter, die
nicht produktiv sind, stellen derartig verschiedne Werte
dar, daß sie ihrer Natur nach in keinem Wertverhält=
nis zu einander stehen. Die Geldwirtschaft zwingt sie
aber in ein solches Wertverhältnis, sodaß ein Lager
von seidnen Bändern und sonstigem Flitter den zehn=
fachen Preis einer kultivierten Ackerparzelle haben
kann. Mit einem solchen Wertverhältnis wird man
in den Einzelwirtschaften zu rechnen haben; bei den
Maßnahmen, die zum Wohle eines Volks getroffen
werden sollen, führen solche Rechnungen aber zu den
absurdesten Ergebnissen. Der Nutzen oder Schaden
von Landesmeliorationen läßt sich deshalb auch nicht
nach den Ausgaben an Geld und den durch die Me=
liorationen erzielten Mehreinnahmen an Geld berech=
nen; ein richtiger Maßstab könnte nur gewonnen wer=
den, wenn man berechnete, ob das nützliche Gesamt=
produktivkapital des Landes durch die Meliorationen
gehoben oder geschmälert wäre.

Zur Beurteilung des Wesens des so außerordent=
lich wichtigen Produktivkapitals sind nun zwei Grund=
gesetze von hervorragender praktischer Bedeutung:
erstens, daß das in einem Lande angelegte Produktiv=
kapital kein unbegrenztes Anwachsen gestattet, und
zweitens, daß sich die Interessen der Einzelwirtschaf=
ten nicht mit den Interessen der Volkswirtschaft decken.
Die volle Würdigung des ersten Satzes hat zur Folge,
daß man Staatsausgaben selbst für unproduktive

Zwecke, so für das stehende Heer und Staatsanleihen nicht ohne weiteres als das Volkseinkommen schmälernd ansehen darf, da auch hier erst zu untersuchen ist, ob die Ausgaben für die Vermehrung des Produktivkapitals hätten verwandt werden können und verwandt worden wären. Nur mit Hilfe des Begriffs des Produktivkapitals und unter Beachtung der soeben aufgestellten Grundgesetze lassen sich richtige Urteile über den Schaden und den Nutzen bei Einführung fremder Kapitalien, über die Unvermeidlichkeit der Handelskrisen und über viele andre wirtschaftliche Vorgänge gewinnen. Bei der Vernachlässigung der Entwicklung des nützlichen Produktivkapitals wird es erklärlich, daß ein Volk trotz des anscheinend wachsenden Reichtums thatsächlich dem wirtschaftlichen Ruin entgegengeführt werden kann. Andrerseits sind aber selbst erleuchtete Volkswirtschaftslehrer wie Adam Smith, John Stuart Mill und deren Schüler durch die Mißachtung des Grundsatzes, daß sich das Produktivkapital eines Landes, und namentlich das nützliche, nicht unbegrenzt vermehren lasse, dahin gelangt, der Sparsamkeit einen so übertriebnen Nutzen beizumessen, daß man folgerichtig den Geiz und Wucher als die besten wirtschaftlichen Hebel bezeichnen müßte und sogar auch bezeichnet hat. Eine große Anzahl in dieser Abhandlung nicht zu erschöpfender volkswirtschaftlicher Irrtümer würde ohne Geldrechnung kaum möglich sein. Es ist eben ein verhängnisvoller Irrtum, in dem Gelde selbst ein Sachgut zur Befriedigung natürlicher Bedürfnisse oder gar eine Produktivkraft zu erblicken.

Um von dem falschen Begriff der Geldrechnung, durch den man sich so leicht täuschen läßt, loszukommen und die wahren Ursachen und Störungen des Volkswohlstands klarer zu durchschauen, wollen wir uns einmal einen ohne jeden Außenverkehr bestehenden Staat, einen ganz isolierten Staat vorstellen. Einen solchen Staat giebt es freilich nicht, und es würde auch verkehrt sein, wenn man versuchen wollte, einen herzustellen, denn was die Arbeitsteilung innerhalb eines Volkes bedeutet, das ist für die Völker in ihrer Gesamtheit der unter ihnen bestehende Handelsverkehr, und kein Volk ist so groß, daß es, auf sich selbst beschränkt, nicht dieser Beschränkung zum Opfer fallen müßte. Aber die wirtschaftlichen Verwicklungen sind so mannigfaltig, daß es erlaubt sein muß, sie zunächst vereinfacht in einem Bilde zu betrachten, das sich zwar nicht im einzelnen an historisch nachweisbare Begebenheiten anlehnt, aber doch das wiederspiegelt, was bei der Völkerentwicklung und Gesellschaftsbildung vor sich geht.

2. Fiktion eines isolierten Staates

In unserm fingierten Staat wird der Grund und Boden unter den Familienhäuptern anfänglich gleich verteilt gewesen sein. Schon damals mochte es vorkommen, daß sich manche Familie bei Vergrößerung ihrer Kopfzahl, bei Mißwachs und Mißwirtschaft durch den Überfluß der andern aushelfen lassen mußte. Noch viel mehr trat diese Notwendigkeit ein, als bei dem Fortschritt der Kultur die Arbeitsteilung immer weitern Eingang fand und zur Entwicklung der Geldwirtschaft führte. Diese Arbeitsteilung kam dann auch dem Ackerbau zu gute,

und wie es so oft im Leben geschieht, daß sich Glück
zu Glück gesellt, so bot sie gerade dem Besitzer des
bessern Bodens den größern Vorteil. Er war bald
in der Lage, sich durch die erzielten Überschüsse Ar=
beitskräfte in beliebiger Anzahl zu verschaffen, sich
mit gutem Ackergerät zu versorgen, zweckmäßige
Stallungen zu errichten und den Viehstand zu ver=
mehren. Vermochte sich eine Familie infolge von
Unglück oder durch eignes Verschulden nicht auf
ihrem Eigentum zu erhalten, so bot sich dadurch dem
besser gestellten Gelegenheit, seinen Besitz zu ver=
größern, während die Glieder jener Familie zu Knech=
ten wurden; oft auch begaben sich Familien, die sich
nicht stark genug fühlten, Schädigungen, die sie tra=
fen — etwa Plünderung durch Feinde —, Widerstand
zu leisten, freiwillig in den Schutz und die Abhängig=
keit von Stärkern und wurden diesen botmäßig und
unterthan. Das Anwachsen des Besitzes hebt nun aber
auch das Interesse am Festhalten des Erworbnen;
die Einwohner unsers Staates werden sich also bald
als überzeugte Anhänger des vererblichen Privat=
eigentums erwiesen haben, und sobald dieser Zu=
stand eingetreten ist, wird das Aufwerfen der Frage
der Aufhebung des Privateigentums allein schon ge=
nügen, ein Herabgehen des Gesamtreinertrags zu ver=
anlassen, der durch seine Überschüsse die Arbeitsteilung
und alle ihre Folgen erst ermöglichte. Bei den großen
Grundbesitzern würde das Interesse schwinden, der
Arbeit die gleiche Sorgsamkeit und den gleichen Fleiß
wie bisher zuzuwenden, keine Meliorationen wür=
den mehr vorgenommen werden, und dem sonstigen
Herkommen entgegen würde niemand mehr darnach
streben, seinen Besitz zu vergrößern.

Diese Erscheinungen würden sich auch dann unfehlbar zeigen, wenn wir den Bürgern unsers Staates einen hoch entwickelten Gemeinsinn zumuteten. Es liegt nun einmal in der Natur des Menschen begründet, daß von den beiden Triebfedern seines Thuns, dem Gemeinsinn und dem Eigennutz, die sich einander zu widersprechen scheinen, keine entbehrt werden kann, und daß sie trotz ihres anscheinenden Widerspruchs immer und immer wieder harmonisch zusammenwirken, daß stets die eine der andern dienen muß; es hieße die Weltordnung verkennen, wenn man nur die eine oder die andre gelten lassen wollte. Der Gemeinsinn, so schön und edel er ist, hat nicht die Kraft und die Macht des Selbsterhaltungstriebs, und dieser allein wiederum würde nicht einmal der tierischen Kreatur ihre Existenz sichern; denn auch diese ist bis zu einem gewissen Grade auf die Mutterliebe angewiesen, die auf einem instinktiven Akt des Gemeinsinns beruht. Um eine gedeihliche Entwicklung des Landes zu fördern, hält man also in unserm isolierten Staate den Grundsatz des Privateigentums fest und meint, es könne für das Gesamtwohl nicht besser gesorgt werden, als wenn die Fürsorge für das Eigentum vererblich gemacht würde. Man wählt aus den mächtigsten und thatkräftigsten grundbesitzenden Geschlechtern einen König und setzt durch die Vererblichkeit seiner Würde allen Wahlstreitigkeiten und Umtrieben ein Ziel. Der Reichtum des Staates und des Volks wird nun steigen, und die Vermehrung oder leichtere Gewinnung der Produkte des Fischfangs, der Jagd, der Viehzucht, des Acker= und Gartenbaues, des Lebensunterhalts aller gestattet durch die Arbeitsteilung vielen, sich der direkten Ge=

winnung von Nahrungsmitteln und der produktiven
Arbeit zu enthalten. Da auch durch Maschinen und
durch Verbesserung des Grundes und Bodens mensch=
liche Arbeitskräfte erspart und dabei Nahrungsmittel
in noch reichlicherem Maße gewonnen werden, können
immer mehr Menschen zu anderm als zur Nahrungs=
mittelgewinnung benutzt werden, und braucht trotz
der zunehmenden Bevölkerung keiner Hunger zu
leiden.

Wir brauchen nicht alle die vielen Phasen des
Fortschritts in der Kulturentwicklung zu verfolgen.
Endlich werden wir in unserm isolierten Staate den
modernen Staat herangereift sehen, mit seinen blühen=
den und volkreichen Städten, mit Lehranstalten und
Wohlfahrtseinrichtungen, mit stehendem Heer und
großen Fabriken. Die Geldwirtschaft hat die An=
häufung großer Kapitalien ermöglicht, und die
wachsenden Ausgaben des Staates haben Anleihen
notwendig gemacht. Diese Anleihen erschienen inso=
fern besonders berechtigt, als mit ihnen Ausgaben
bestritten wurden, die auch den zukünftigen Genera=
tionen zu gute kommen sollten, wie Wegebau, Kanali=
sationen, öffentliche Schulen; es wäre eine Ungerechtig=
keit gewesen, diese Kosten lediglich durch Besteuerung
der lebenden Generation zu decken. Nicht nur das
Können des Menschen ist nun ein fast unbegrenztes
geworden, und sein Geistesleben zum höchsten Schwung
gesteigert, auch die erlesensten materiellen Genüsse
bieten sich dar. Prachtbauten mit kunstvollen Ge=
mälden und Ziergärten mit meisterhaften Statuen
entzücken das Auge. Die Schöpfungen der Musik
begeistern, eine geistreiche Litteratur beschäftigt an=
genehm und nützlich, die Heilkunst kämpft mit Glück

gegen Gebrechen, Schmerzen und Krankheit, Kleidung und Geräte werden immer glänzender, zweckmäßiger und geschmackvoller, auch die Leistungen in Küche und Keller heben sich. Der Dampf, die Elektrizität und der Sprengstoff geben dem einzelnen Menschen eine Macht, wie sie die Alten in ihrer lebhaften Einbildungskraft kaum ihren Göttern beizulegen wagten. In einer fast zahllosen Menge von Magazinen werden die verlockendsten Gebrauchs- und Luxusartikel aufgespeichert, und selbst in der ärmsten Hütte ist so mancherlei zu finden, was vor Jahrhunderten auch ein König entbehren mußte. Alle diese Erfolge sind nun in erster Linie dadurch erreicht worden, daß nur eine verhältnismäßig kleine Anzahl von Menschen genötigt war, sich ausschließlich mit der direkten Lebensmittelgewinnung zu beschäftigen, von den übrigen aber eine sehr große Anzahl in die Lage gekommen war, sich mit Kunst und Wissenschaft, mit Erfindungen und mit der Verfertigung von Luxusartikeln zu beschäftigen, dazu auch Antrieb und Veranlassung hatte, weil diese Leistungen alle von den reichen Leuten, deren Verbrauch sich nicht auf die unentbehrlichen Bedarfsgegenstände zu beschränken braucht, gesucht und bezahlt werden.

Da treten plötzlich und erstaunlicherweise ohne Mißwachs in unserm Staate sehr beklemmende Erscheinungen auf; Konkurse in Menge, Stillstand von Fabriken, Arbeitsmangel, kurz Handelskrisis und allgemeiner Notstand. Fast jeder Begüterte hat Einbuße an seinem Vermögen, mancher verarmt gänzlich. Die Meinungen über die Ursache dieses Unglücksschlages sind sehr geteilt. Die einen führen die Krisis auf die Ausgaben für das stehende Heer und die Schulden des Staates zurück, die andern sehen ihre Ursachen in der Unmäßigkeit der Bevölkerung, die zu gut gelebt und zu wenig gespart habe. Wieder andre geben dem Kapital, der Überproduktion und der Übervölkerung die Schuld. Es wird zu dem Auskunftsmittel gegriffen, zur Untersuchung der Ursachen eine Kommission einzusetzen, und diese erstattet nun einen Bericht, in dem folgendes dargelegt wird.

Die illusorischen Werte bei der Berechnung des Vermögens und Einkommens eines Volkes

Der herrschende Notstand ist nicht eigentlich auf die Teuerung der Lebensmittel, sondern auf einen Mangel an Nahrungsmitteln überhaupt zurückzuführen. Nahrungsmittel sind ein Bedarf, der in ziemlich gleicher Weise allen unentbehrlich ist, und wegen dieser Unentbehrlichkeit haben die Nahrungsmittel an sich die Tendenz zu steigenden Preisen, welcher Tendenz aber ein andrer mächtiger Umstand entgegentritt. Da sie nämlich im allgemeinen dem Verderben ausgesetzt sind, so ist der Produzent darauf angewiesen, sie loszuschlagen. Dieser Umstand macht es erklärlich, daß von allen Geschäftsbetrieben keiner so wenig gewinnbringend erscheint, wie der unentbehrlichste von allen, nämlich der der Erzeugung von Lebensmitteln. Bei reichlicher Produktion werden unter dem drängenden Angebot die Preise ungemessen gedrückt, während deren Steigerung bei schlechter Ernte immer begrenzt sein wird, da die Produzenten genötigt sind, die Bedürfnisse der Masse zu befriedigen und die Preise nach deren Kaufkraft einzurichten, weil sonst die

Massen nicht in der Lage wären, die Nahrungsmittel zu kaufen, diese also keinen Absatz fänden. Diese Thatsache hat zur Folge, daß sich das Kapital nicht gerade sehr geneigt zeigt, sich der verhältnismäßig wenig lohnenden Lebensmittelgewinnung zuzuwenden, und auf ihr beruht wohl in erster Linie die erstaunliche Wahrnehmung, daß sich in den Kulturstaaten kaum ärmere Bevölkerungsklassen finden als Fischer und Kleinbauern, während viele andre es bei einer der Gesellschaft viel entbehrlicheren Berufsthätigkeit zu großem Reichtum bringen. Der eben gezeigten Art der Preisregelung bei den Nahrungsmitteln könnten nur spekulative Aufspeicherungen entgegentreten, die sich die Menge aber nicht gefallen lassen würde.

Die durch die Knappheit der Vorräte in unserm Staate hervorgerufne Preissteigerung der unentbehrlichsten Lebensmittel bringt es nun zu wege, daß weite Schichten der Bevölkerung ihre Bedürfnisse auf das äußerste beschränken müssen und sich keine irgendwie entbehrliche Ausgabe gestatten können. Damit hängt dann das bedauerliche Darniederliegen aller Geschäfte zusammen. Der kleine Geschäftsmann fragt, wo denn das Geld geblieben sei, alle Leute klagen, daß sie kein Geld hätten, es könne doch aber nicht verschwunden sein. Thatsächlich ist nun auch das Geld keineswegs verschwunden, es hatte sogar durch die Ergiebigkeit der Edelmetallminen in den letzten Jahren einen Zuwachs erhalten, aber der Geschäftsverkehr wurde dadurch nicht gehoben. Der Geldumsatz ist nicht die Ursache, sondern die Folge des Geschäftsverkehrs, und je lebhafter dieser ist, desto stärker ist auch der Geldumsatz, sobaß dieselben 1000 Mark, die täglich hundertmal umgesetzt werden, einem fünffach stärkern

Verkehr gedient haben als 10000 Mark, die täglich zweimal umgesetzt worden sind. Man sieht daraus, was eigentlich keines Beweises bedürfte, daß die Vermehrung des Geldes keine Vermehrung des Reichtums ist, denn der Zuwachs der Wertmesser ist kein Zuwachs an Sachgütern. Wie aber der Notstand nicht aus Geldmangel entstanden ist, so kann ihm auch nicht durch eine künstliche Belebung der Geschäfte, durch Eröffnung von Krediten abgeholfen werden, da durch solche Maßnahmen die Gesamtsumme der vorhandnen Nahrungsmittel nicht vermehrt wird; durch solche Vorkehrungen könnten vielmehr noch weitere Schichten der Bevölkerung zu Entbehrungen gezwungen werden, weil die unterstützten Kreise kaufkräftiger würden und dadurch wieder zur Hinaufschraubung der Lebensmittelpreise beitragen würden. Auch die den Armen gewährte Geldunterstützung würde keinen andern Erfolg haben; wenn sie auch die Armen in gewissem Grade kauffähig machte, würden sich die Preise der Nahrungsmittel nur nochmals steigern, sodaß auch die Mittelstände, die bis dahin noch in der Lage waren, ihre Bedürfnisse zu befriedigen, zu Einschränkungen gezwungen würden.

Es ist klar, daß die Not in unserm isolierten Staate nicht durch die Handelskrisis veranlaßt sein kann, sondern daß diese, wenn sie mit der Not im Zusammenhang steht, nur eine Folge dieser Not sein kann. Eine Vergeudung von Nahrungsmitteln braucht nicht angenommen zu werden; ihr Verbrauch wird sich in den durch das Bedürfnis und die Kauffähigkeit gezognen Grenzen bewegt haben, und die Lebensmittel, die ohne Nachteile aufgespeichert werden konnten, werden aufbewahrt worden sein. Eine Beschränkung der Ausgaben für andre Dinge als das tägliche Brot, also eine größere Sparsamkeit der Einzelnen, würde, ganz im Gegensatz zu der verbreiteten Annahme, in der fraglichen Zeit eher schädlich als nützlich gewirkt haben, da sie, indem sie die Kaufkraft der Einzelnen erhöht hätte, nur eine größere Preissteigerung, nicht eine größere Produktion an Nahrungsmitteln zur Folge gehabt und außerdem dem Handel eine belebende Unterstützung entzogen und die Krisis noch schneller herbei geführt hätte.

So war also, da kein Mißwachs vorlag, die Not allein darauf zurückzuführen, daß die Nahrungsmittelproduktion im Verhältnis zu dem Anwachsen der Bevölkerung nicht intensiv genug betrieben worden war, während heutzutage die Steigerungsfähigkeit der Produktion, namentlich des Ackerbaus, kaum mehr zu bezweifeln ist.

In unserm auf seine eigne Produktion angewiesenen Staate kann auch der Unterhalt eines großen Heeres nicht die Mahlzeit des Einzelnen verringern. Die, die dem Militärstaat die Schuld an dem Notstande beimessen, müßten, um dies darzuthun, den Nachweis führen können, daß ohne Militärdienst die Ernte reichlicher gewesen wäre, und gerade dieser Nachweis würde nicht zu erbringen sein. Was der Landwirtschaft mehr als die entbehrlichen Arbeitskräfte entzieht, ist vor allem der Zudrang zur Industrie, und selbst beim Niedergange der Industrie sind diese Arbeitskräfte entweder nicht gewillt und geschickt, sich dem Ackerbau zuzuwenden, oder sie können ihrer gesteigerten Ansprüche an Lohn und Beköstigung halber nicht mehr Verwendung finden.

Werden aber die bei einem Stillstand von Fabriken frei gewordnen Arbeitskräfte nicht von der Landwirtschaft aufgenommen, so wird man auch nicht behaupten können, daß ohne Militärdienst die Landwirtschaft mehr Arbeiter zur Verfügung hätte und beschäftigen würde; auch der Wegfall des Militärdienstes würde keinen größern Ernteertrag in Aussicht stellen.

Wenn sich die Arbeitskräfte aber mehr zur Industrie als zur Landwirtschaft drängen, so wird auch die Industrie den größern Teil der Mannschaft stellen, die das Heer braucht; sie werden also in der That in der Hauptsache einer Produktion entzogen, die weniger notwendig als der Ackerbau und in gewissem Sinne Luxusproduktion ist. Da aber Luxusartikel weit über Bedarf im Lande vorhanden sind, so folgt, daß die Unterhaltung der Soldaten die Arbeiterklassen am wenigsten beschwert, daß vielmehr den Arbeitern lästige Konkurrenten bei der Luxusproduktion aus dem Wege geräumt werden. Freilich würde es anders sein, wenn die Soldaten sich nach abgeleisteter Dienstpflicht in den Dienst der Landwirtschaft stellten, aber das geschieht eben nicht, so lange die Produktion aller Arbeiter ihre Bestimmung von den Lohnzahlern erhält, und so lange der, der die Kapitalskraft der Lohnverfügung hat, seine Mittel vorzugsweise der Industrie zuwendet.

Ebenso einflußlos wie die Militärlasten scheinen auch die Schuldzinsen für Staatsanleihen auf den Notstand zu sein. Das Kapital, das die Anleihen aufgebracht hat, bezahlt als Steuerzahler auch die Zinsen in der Hauptsache. Auch der verhältnismäßig kleine Teil der Steuern, der von den Arbeitern aufgebracht wird, muß in den vom Kapital zu zahlenden Löhnen mit enthalten sein. Freilich nicht immer zu Gunsten der Arbeiter und sonstigen Gehaltsempfänger, da diese zunächst keinen den zu leistenden Steuern entsprechenden Zuschlag zum Lohne erhalten werden, sodaß also jedenfalls bis zu einem Lohnausgleich die Steuern für diese Leute eine Schmälerung des Lohneinkommens zu Gunsten der Inhaber von Staatsschuldforderungen bedeuten. Es muß aber berücksichtigt werden, daß die Staatsschulden fast durchweg zur Hebung des Gesamteinkommens und im Interesse der öffentlichen Wohlfahrt aufgenommen werden, und daß somit die neugeschaffnen Anlagen, wie Wegebau, Kanalisationen, Schulen, Volksbäder, öffentliche Gärten, der Arbeiterbevölkerung und vielleicht gerade dieser verhältnismäßig am meisten zu gute kommen.

In Betreff der Anleihen stehen sich zwei Meinungen entgegen. Die Bedürfnisse des Staates, die durch die Anleihe gedeckt werden sollen, beleben die Geschäfte und werfen Einzelnen einen Nutzen ab. So ist bei einer Militäranleihe der Bedarf an Bekleidung und Bewaffnung der Soldaten oder auch an Kasernen und Festungsbauten zu decken. Alle diese Ausgaben bringen denen einen Nutzen, die sich als Unternehmer oder Arbeiter mit der Herstellung der gebrauchten Gegenstände beschäftigen oder auch dem Staat als Lieferanten bei Anschaffung dieser Gegenstände dienen. Die eine Meinung geht nun dahin, daß der Nutzen der Einzelnen mit einer Schmälerung des Gesamteinkommens des Volks verbunden sei, und die andre Meinung ist, daß durch die Belebung der Geschäfte und durch den auf die Einzelnen entfallenden Gewinn auch das Gesamteinkommen gehoben werde. Beide

Meinungen sind als gleich irrig zu bekämpfen. Das Geld, das bei einer Anleihe dem Staat zur Verfügung gestellt wird, wird ja nicht um seiner selbst willen genommen, sondern um den Aufwand für Sachgüter zu decken; da aber diese Sachgüter in unserm isolierten Staate nur von den Staatsinsassen geliefert werden, so wechseln Geld und Sachgüter nur den Besitzer, und die Gesamtheit erhält weder neue Werte, noch verliert sie solche. An Stelle derer, die die Wertobjekte besaßen, wird der Staat Besitzer, und die Veräußerer der Sachgüter werden durch den Staat bezahlt, der seinerseits Schuldner derer geworden ist, die das Anleihekapital aufgebracht haben. So hat also jede Anleihe nur eine Verschiebung der Kapitalkräfte in ähnlicher Weise zur Folge, wie wenn ein Grundbesitzer eine Hypothek von einem inländischen Gläubiger auf sein Gut aufnimmt. Auch in diesem Falle wird das Land an sich weder reicher noch ärmer, und die Einkommensverhältnisse verschieben sich nur dahin, daß die kapitalistische Disposition über einen Teil der Geldeinkünfte, wenn auch nicht direkt, so doch indirekt durch die Geldzinszahlung, die aus den Gutseinkünften gewonnen werden muß, von dem Gutseigentümer auf den Hypothekengläubiger übergeht. Deshalb kann die Gesamtheit nur dann ein Nachteil durch die Aufnahme einer Anleihe treffen, wenn der Staat weniger zweckmäßig über die von ihm erworbnen Sachgüter verfügte, als es die Privatkapitalisten gethan hätten. Ganz anders kann es sich freilich mit einer im Auslande aufgenommnen Anleihe verhalten. Wenn die Anleihe nicht dazu dient, dem Staate auch Wertobjekte aus dem Auslande zuzuführen, die das Gesamteinkommen dauernd in der Höhe der zu zahlenden Schuldzinsen zu heben vermögen, so muß notwendig durch diese Anleihe das Gesamteinkommen einen Abbruch erleiden.

Es ist hier notwendig, darauf hinzuweisen, daß in unserm Staate das gesamte Volkseinkommen lediglich unsrer eignen Produktivkraft, der Zusammenwirkung von Arbeit und Produktivkapital, entspringt und nur die Arbeit das Gesamteinkommen vorteilhaft hebt, die auf das nützliche Produktivkapital verwandt wird, während umgekehrt nur die Arbeit, die dem nützlichen Produktivkapital entzogen wird, zum Nachteil des Gesamteinkommens andre Verwendung gefunden hat. Produktivkapital und Arbeit sind auf einander angewiesen, die letztere produziert für sich allein überhaupt nichts, sondern verändert nur die Stoffe, und zwar meistens mit Hilfe von Werkzeugen und Maschinen, die selbst nichts andres als durch Arbeit veränderte Stoffe des Grundes und Bodens sind. Es ist nun klar, daß innerhalb bestimmter Grenzen die Leistungen des Grundes und Bodens je nach seiner Beschaffenheit und seinem Umfang, und die Leistungen der menschlichen Arbeit je nach Zahl und Geschicklichkeit der Arbeiter gewisse Schranken haben müssen und keineswegs ins Unendliche wachsen können. Darin liegt die natürliche Beschränkung der Produktivkraft jedes Landes, und darin liegt ferner die natürliche Beschränkung der Ertragsfähigkeit sämtlicher in einem Lande angelegter Kapitalien. Neues Produktivkapital läßt sich nur schaffen, wenn entweder die Nutzbarmachung der Naturkräfte vergrößert wird, oder wenn sich mehr Arbeitskräfte erfolgreich an der Ausnutzung der Naturkräfte beteiligen können. Diese klare Sachlage wird hauptsächlich durch den Schein der Produktivität des Geldes verschleiert. Die Geldwirtschaft hat uns verführt, unser Einkommen zu überschätzen, uns für reicher zu halten, als wir wirklich sind, und große Kapitalien nutzlos anzuhäufen, statt das nützliche Produktivkapital zu vermehren. Durch Staatsanleihen, Hypothekenschulden, Kredite auf Fabriken und Warenvorräte und sonstige Forderungen sind nämlich große Kapitalien gebildet worden; alle diese Sachwerte werfen wirtschaftliche Erträge ab, die ein rechnerisches Anwachsen des Geldreichtums mit sich bringen, dem kein wirkliches Äquivalent an Sachgütern entspricht. Während nämlich die natürliche Produktivität nicht nur im allgemeinen, sondern auch im einzelnen, wie z. B. im Acker, unerschöpflich erscheint, so ist sie doch nicht unbegrenzt, auch sind die Produkte des Ackers, wie alle natürlichen Erzeugnisse, vergänglich und müssen, ob sie Nutzen gebracht haben oder nicht, dem Untergange preisgegeben werden. Ganz anders steht es aber bei der zinsbaren Geldforderung, deren Erträge keine natürliche Vergänglichkeit haben, die auch beim kleinsten Zinsfuße stetig wächst, sobaß z. B. der Pfennig, der zur Zeit der Geburt Christi auf Zinseszins angelegt wurde, schon heute bis zu einem Betrage angeschwollen wäre, der millionenmal so groß ist, als alles Geld auf der Erde zusammengenommen. Während also die Erzeugnisse des wirklichen Produktivkapitals ohne dieses zu vermehren vielfach vergehen und immer neu geschaffen werden, scheint das Geld ins Ungemessene wachsen zu können; in der That aber fehlt dem verzinslich angelegten Gelde das Äquivalent, sobald der Gegenstand, auf den es geliehen ist, entwertet ist oder vergeht. Der ewigen Kraft einer Zinsanlage und dem dadurch hervorgerufnen Schein des wachsenden Einkommens und Reichtums ist mutmaßlich auch der Irrtum großer Volkswirtschaftslehrer zuzuschreiben, daß sich durch fortgesetzte Sparsamkeit der Reichtum und das Einkommen der Völker ins Ungemessene steigern ließe. Durch das rechnerische Anwachsen des Geldreichtums wurden die Preise allgemein gehoben und erhielt dadurch die Täuschung des wachsenden Reichtums besonders Nahrung. Der rechnerisch gehobne Reichtum verlockte und zwang die Einzelnen, immer neue Anlagen zu suchen, die zur Vermehrung ihres Kapitals durch neue Überschüsse beitragen sollten, thatsächlich aber eine Entwertung der Kapitalien und den Zusammenbruch herbeiführten, den wir als Handelskrisis bezeichnet haben.

Ohne das Produktivkapital des Landes eigentlich zu steigern, lassen sich große Vorräte von Waren, die als Werkzeuge zur Hebung der Naturkräfte und zur Unterstützung der menschlichen Arbeit dienen, auch solche, die zur Befriedigung der Bedürfnisse der Arbeiter notwendig sind, als Maschinen, Kohlen, Erze, Tuche für Arbeiterkleider und derartiges mehr, sowie ferner die meisten Bedarfs- und sämtliche Luxusartikel in übermäßiger Fülle herstellen. Alle diese Gegenstände haben die Bestimmung, in den Händen ihrer Besitzer neue Kapitalien zu bilden. Dazu können sie jedoch in Wirklichkeit außer stande sein. Denn wenn schließlich der Absatz stockt und stocken muß, weil das Gesamteinkommen des Volks, aus dem die Erträge der Kapitalien zu bestreiten sind, bereits erschöpft ist oder jeder Bedarf an den Waren fehlt, so nimmt auch der Handel sie nicht mehr auf, und der Preis der Waren sinkt fast bis auf Null herab. So lange der

Handel sie nach Maßgabe ihrer historischen Werte (vergleiche S. 17) aufnimmt, vermehren sie wohl den rechnerischen Nominalbetrag des in einem Lande vorhandnen Gesamtkapitals, nicht aber das wirklich produktive Gesamtkapital. Hieraus erklärt sich die Wahrnehmung, daß den Handelskrisen Zeiten mit scheinbarem wirtschaftlichen Aufschwunge vorangehen, in denen unter dem rechnerischen Geldüberfluß, der mit bringendem Angebot zinsbare Anlagen aufzufinden suchte, der Zinsfuß fallen und unter den Preisen für die Sachgüter, namentlich die für Landgüter, steigen mußten.

Das Produktivkapital des Volkes wird nun durch die eingetretne Krisis eigentlich nicht verringert, sondern nur sein Nennwert schmilzt zusammen. Äußerlich tritt der Niedergang so zur Erscheinung, daß viele, die angenommen hatten, ein bedeutendes Vermögen zu besitzen, den Verlust dieses Vermögens zu beklagen haben; bei der ausgebreiteten Kreditwirtschaft haben ja auch die Verluste erlitten, die dem Handel mit den über Bedarf produzierten Waren gänzlich fernstehen. Nachdem aber die Krisis eine bedeutende Herabsetzung des rechnerischen Geldreichtums herbeigeführt hat, wird sich der Geldwert zunächst wieder heben müssen, was durch das Sinken der Sachgüterpreise zur Erscheinung kommt, während das Steigen des Zinsfußes nicht von dem gestiegnen Geldwerte, sondern von dem Streben nach neuer Kapitalbildung abhängig ist. Aber weder aus der der Krisis vorangegangnen Überproduktion, noch aus dem grausamen Vermögensverfall so vieler, die sich in der Illusion, reich zu sein, gewiegt hatten, sind die volkswirtschaftlichen Nachteile erwachsen, die den Notstand verursacht haben. Die eigentliche Ursache ist die unzu-

reichende Produktion von Nahrungsmitteln, und diese
liegt zunächst darin, daß alle Kapitalien, die einge-
schlossen, die durch den Grundbesitz dargestellt werden,
darnach trachten, einen möglichst hohen Geldnutzen
abzuwerfen und sich nach Art des zinsbar angelegten
Geldkapitals immer und immer ins Ungemessene zu
vergrößern. Diese Tendenz wird durch das Interesse
der Kapitalisten, die, verlockt durch die Annehmlichkeiten des Geldgewinns, der Erzielung wirtschaftlicher
Erträge nachjagen, wachgehalten. Bei der thatsächlich vorhandnen Sucht der Kapitalvermehrung hat sich
die Produktion nun vornehmlich auf Gegenstände ge-
worfen, die sich schrankenlos erzeugen lassen, und
dadurch ist es gekommen, daß sich eine glänzende Industrie im Lande entwickelt hat, die eine große Zahl
von Arbeitskräften beschäftigte und eine noch größere
Zahl an sich zu ziehen bemüht war.

Zu der Zeit, als man sich der Täuschung hingab,
daß die Erträgnisse des Kapitals ins Ungemessene
wachsen können, als die Geschäfte blühten und der
Handel in der Erwartung großer Gewinne alle Waren
bereitwillig aufnahm, waren die Arbeitslöhne durch
die Nachfrage nach Arbeitern gestiegen, aber der Landwirtschaft, die nicht an den scheinbar so günstigen
Konjunkturen teilnehmen konnte, waren dabei diese
Arbeitskräfte entzogen worden. Und die Folge war,
daß die wichtigste Produktion vernachlässigt wurde
und das, was den Arbeiter erst fähig zur Arbeit
macht, der ausreichende Vorrat an Nahrungsmitteln,
hatte zurückgehn müssen. Da die Landwirtschaft mit
weniger Arbeitskräften auszukommen hatte, konnte
sie eben auch nicht so intensiv arbeiten, wie sie unter
andern Umständen vermocht hätte.

Die einzelnen Gemeinden haben sich oft vergeblich den immer neuen Gründungen von Fabriken zu widersetzen versucht, aber die Gründer sind stets durchgedrungen und haben an maßgebender Stelle die Überzeugung hervorzurufen verstanden, daß sie das allgemeine Beste förderten, indem sie durch die Fabrik den Arbeitern lohnende Arbeitsgelegenschaft schafften. Diese Behauptung hätte aber nur dann Berechtigung gehabt, wenn den Arbeitern nicht auch ohne die neuen Fabriken ebenso lohnende Arbeit zu Gebote gestanden hätte, und wenn ferner die durch die Fabriken gebotene Arbeitsgelegenheit auch dauernd gewesen wäre. Im ganzen hat sich aber gezeigt, daß die Arbeitsgelegenheit keineswegs von Dauer gewesen ist, und die besonders günstigen Lohnbedingungen haben nicht nur nicht vorgehalten, sondern sie sind schon sehr bald, und zwar schon ehe die Löhne wieder herabgedrückt wurden, durch das Steigen der Preise für die unentbehrlichen Unterhaltsmittel fruchtlos für die Arbeiter gemacht worden.

Vom volkswirtschaftlichen Standpunkte ist nicht eigentlich die Überproduktion, nicht das, was produziert worden ist, sondern das, was zu produzieren unterlassen worden ist, an dem Notstande schuld. Der Zusammenbruch, die Entwertung des Sachgüterkapitals, das Verschwinden der eingebildeten Sachwertkapitalien ohne Äquivalent hätte auch ohne Notstand eintreten müssen; in der That ist aber auch dadurch, daß das Kapital auf ein der Produktivkraft entsprechendes Maß zurückgedrängt wurde, das Land gar nicht ärmer geworden. Die weit über Bedarf erzeugten Gegenstände freilich haben meist nicht nur große Einbußen an Wert zu erleiden, sondern verursachen auch für ihre Aufbewahrung und Erhaltung große Kosten und werden zum Teil vielleicht ganz unverwertet bleiben und untergehen; zum Teil werden sie aber auch bei ihrem bedeutenden Preisrückgange den breitesten Schichten der Bevölkerung zugänglich werden und dadurch diesen noch einen Vorteil bringen.

Jedenfalls war aber die Überproduktion verfehlt und wenn auch nicht direkt, so doch indirekt nachteilig, weil es eben möglich gewesen wäre, an Stelle der zum größten Teil wertlosen Gegenstände etwas dem allgemeinen Bedarf nützlicheres zu erzeugen. Wenn die Einstellung verfehlter Überproduktion mit Notwendigkeit eintreten muß, und schon das Sinken der Preise der im Übermaß erzeugten Güter die Fabrikanten zur Einschränkung zwingt, falls sie nicht mit Schaden arbeiten wollen, so hat der Preisrückgang wenigstens den Nutzen, daß er auf die Gefahr der Lage aufmerksam macht. Es könnte verkehrt sein und verderblich wirken, wollte man diesem natürlichen Regulator durch künstliche Preishaltung oder durch Herstellung von Vorrat und Zurückhalten der Ware entgegenarbeiten. In beiden Fällen kann die Gesundung der Zustände, die nur bei Einschränkung der verfehlten und durch Einrichtung einer dem Bedarf entsprechenden Produktion möglich ist, nur aufgehalten werden, und ebenso wird auch eine normale Preisbildung verzögert.

Man kann sagen, daß in der Volkswirtschaft der Grundsatz gelte, der in den Worten des Dichters liegt: Wenn die Rose selbst sich schmückt, schmückt sie auch den Garten! Man nimmt an, daß die Leute, die aus ehrbarem Handel und Gewerbe den möglichsten

Nutzen zu ziehen suchen, dadurch auch indirekt die Interessen der Gesamtheit förderten, und daß sich in demselben Maße, wie sich ihr eigner Reinertrag hebt, auch der gesamte Reinertrag des Landes steigere. Indem man nun noch ferner annimmt, daß die mit jeder Steigerung des Reinertrags notwendig verbundne Kapitalvermehrung auch eine Steigerung der Produktivkraft des Landes bedeute, hat man sich sehr schwer zur Erhöhung der Löhne entschließen wollen. Es ist nicht nötig, hier noch einmal darauf einzugehen, daß der Reinertrag, also der Güterüberschuß, der nach Abzug der Lebensbedürfnisse der Arbeiter, nach Ersetzung der Materialien und nach dem für die Instandhaltung des toten und lebenden Inventars nötigen Aufwande übrig bleibt, mit dem Wachstum des Produktivkapitals des Landes nichts zu thun zu haben braucht. Aber hier ist nun nachzuweisen, daß die Interessen der Einzelnen sich nicht mit den Interessen der Gesamtheit decken, und daß neben den wachsenden Reinerträgen Einzelner sogar ein Rückgang des Gesamtreineinkommens hergehen kann. In einem hochkultivierten Lande werden die Arbeitslöhne steigen, während die Preise für die Arbeitsprodukte, insbesondre das Getreide, aus dem oben geschilderten Grunde sich durchschnittlich nicht in gleichem Verhältnisse werden erhöhen können. Dieser Umstand hat nun sehr vielen Großgrundbesitzern die Thatsache nahe gelegt, daß sie bei weniger intensivem Betriebe mit größerm Vorteil arbeiten können. Hätte sich nämlich beispielsweise bei dem Betriebe eines Gutes, das 300 Arbeiter beschäftigt, ergeben, daß nach Abzug der Kosten für verbrauchte Materialien, für Instandhaltung des

Inventars und für das zur Aussaat zurückbehaltene Getreide soviel übrig bliebe, daß davon die Lebensbedürfnisse von 600 Arbeitern bestritten werden könnten, so würde der Besitzer den Überschuß, der für die Lebensbedürfnisse von weitern 300 Arbeitern hätte dienen können, als seinen Reinertrag ansehen und diese Gütermenge nach seiner Wahl für Luxusgegenstände oder zur Bezahlung für Schulden oder sonst zur Steigerung seines Vermögens verwerten können. Verdoppelte er aber nun die Zahl seiner Arbeiter, so wuchsen auch die Erträgnisse sehr erheblich; er hätte jetzt etwa die Lebensbedürfnisse für 800 Arbeiter gewonnen. Dabei hätte sich aber trotz des großen Anwachsens der Erträgnisse bei der durch die vermehrte Arbeiterzahl ermöglichten intensiveren Bearbeitung des Gutes gezeigt, daß der auf ihn selbst entfallende Reinertrag um ein volles Drittel zurückgegangen wäre, und daß er als Überschuß nur noch ein den Lebensbedürfnissen von 200 Arbeitern entsprechendes Erträgnis zu verzeichnen hätte. Die Ertragsfähigkeit des Bodens läßt sich, wenn auch nicht unbegrenzt, so doch ganz außerordentlich steigern; diese Steigerung erhöht aber das Gesamteinkommen des Volkes, während sie durch die verursachten Mehrausgaben häufig eine Schmälerung des Privateinkommens zur Folge hat. In unserm Falle wären aus dem Gesamteinkommen des Volkes 300 Arbeiter mehr ernährt worden, während diese Ernährung dem Privaten nur eine seine Überschüsse schmälernde Ausgabe bedeutet hätte. Man sieht daraus, daß die Interessen des Einzelnen sich oft nicht mit den volkswirtschaftlichen Interessen des Landes decken werden. So segensreich auch der intelligente Großgrundbesitzerstand durch Einführung aller neuen Erfindungen und Verbesserungen und ferner auch durch das dadurch gegebne Beispiel gewirkt hat, so ist er doch abgehalten worden, die wichtigste Kapitalkraft des Landes zu möglichst voller Ausnutzung zu bringen. Sehr übel haben auch die Volkswirtschaftslehren gewirkt, die lediglich den Reinertrag als Maßstab für jede rationelle Wirtschaft gelten lassen wollen und der Meinung sind, daß die Urbarmachung frischen Landes, die mehr Geld kostet, als sie Geld einbringt, eine Kapitalvergeudung und eine Sünde am Volkswohlstande sei. Durch die Urbarmachung wird aber gemeinhin kein Produktivkapital vergeudet, während unter allen Umständen eine neue Produktivkraft ins Leben tritt, also ein Zuwachs des Produktivkapitals stattfindet. Unter dem Eindruck dieser Irrlehren haben manche Großgrundbesitzer ohne ein Gefühl der Beklemmung die Produktivkraft des Landes durch Abholzen von Wäldern und ähnliche verwüstende Maßnahmen geradezu geschädigt, wenn sie dabei auch ihr eignes Einkommen durch zweckmäßige Anlage der erzielten Gewinne steigerten. Anerkannt muß es aber werden, daß sich ein großer Teil des Bauernstandes, der keine andre Kapitalanlage als seinen Grund und Boden kennt, und auch so mancher Großgrundbesitzer, der von einem Gefühle der Verantwortung für die ihm von der Vorsehung anvertraute Erde beseelt ist, durch keine selbstische Berechnung von der intensivsten Art der Kultur, von teuern und zunächst wenig lohnenden Verbesserungen und von mühevoller und kostspieliger Urbarmachung neuer Erbflächen hat abhalten lassen. Aus alledem ergiebt sich, daß auch der Satz über die Bodenrente, der davon ausgeht, daß nur solcher Boden in Kultur genommen wird, der zum mindesten noch gerade die Unkosten der Bebauung deckt, und daß somit jeder bessere Boden eine Rente bringt, die sich aus der Differenz zwischen dem höhern Erträgnis guten Landes und dem Erträgnis des mindestbringenden Landes berechnen läßt, nur beschränkte Geltung haben kann. Glücklicherweise wird noch mancher Boden bestellt, lange bevor er die Unkosten zu decken imstande ist.

Die Thatsache, daß die Landwirtschaft sich zum Nachteil des intensiven Betriebes auf eine möglichst geringe Arbeiterschaft eingerichtet hat, wird nun keineswegs durch die Erfahrung widerlegt, daß sie trotz dieser Einschränkung namentlich zur Sommerszeit an Arbeitermangel leidet, sodaß der Schein entsteht, sie sei bestrebt, möglichst viele Arbeiter zu beschäftigen. Übrigens ist auch die Neigung, den Boden nicht auf die intensivste, sondern auf die lukrativste Weise zu bebauen, ganz unabhängig vom Angebot an Arbeitskraft; der privatkapitalistischen Produktion kommt es eben nicht auf die absolute Höhe des Ertrages, sondern auf die relative Höhe der Überschüsse an. Diese Tendenz hindert so häufig die dem Boden so zuträgliche Vermehrung des Viehstandes und leistet dann der Aussaugung des Bodens Vorschub. Auch darin zeigt sich, daß die Sonderinteressen des Grundbesitzes und das Gesamtinteresse auseinandergehen können, daß sich die Grundbesitzer bei einer guten Ernte, die doch dem Volke im ganzen zu statten kommen muß, durch die Billigkeit der Preise leicht schlechter stehen werden als bei einer mittlern Ernte, und daß sie sogar bei einer guten Ernte oder bei einer Überproduktion an Spiritus ihre Sonderinteressen durch ruchlose Schädigung des Volkswohlstandes, durch absichtliche Vernichtung eines Teils der gewonnenen Produkte fördern könnten, um für den Rest hohe Preise zu erzielen.

Obwohl also der Notstand in unserm Falle direkt auf den Umstand zurückgeführt werden muß, daß die Intensivität des Landwirtschaftsbetriebs nicht gleichen Schritt mit dem Wachstum der Bevölkerung gehalten hat, so ist auf der andern Seite wieder klar, daß zur Ausnutzung dieser einen — freilich überaus wichtigen, weil sie die Nahrungsmittel direkt erzeugt — Produktivkraft des Landes, selbst bei dem intensivsten Betriebe, auch nicht annähernd alle vorhandnen menschlichen Arbeitskräfte verwandt werden könnten. In diesem Umstande, daß also ein bedeutender Überschuß von Arbeitskräften vorhanden ist, die zur Nahrungsmittelerzeugung nicht nötig sind, liegt aber wieder der vornehmliche Grund aller Kulturentwicklung, da hierdurch erst Arbeitsteilung möglich wird, die schließlich zur Entfaltung eines üppigen Luxus führt. Man hört häufig dieselben Leute über die volkswirtschaftlichen Nachteile der Übervölkerung und über die Nachteile des stehenden Heeres klagen. Diese Leute sehen nicht, daß darin ein innerer Widerspruch liegt. Ist nämlich wirklich eine Übervölkerung vorhanden, die nicht mehr für die Ausnützung der eigentlichen Produktivkraft des Landes verwandt werden kann, so kann auch das Land nicht wirtschaftlich geschädigt sein, wenn ein Teil der Arbeitskräfte zum Schutze des Landes Militärdienst zu leisten hat, dabei übrigens auch noch eine körperlich und geistig förderliche Ausbildung erhält.

Den eigentlichen Nachteil haben aus der Entziehung von Arbeitskräften und aus dem dadurch entstehenden Rückgang der Gesamtproduktion nur die Kapitalisten, die diese Produktion unterhalten und deren Ergebnis unter sich verteilen. Aber dieser Nachteil fällt wenig ins Gewicht, da die Kapitalisten, wie früher gezeigt worden ist, auf Bildung neuer unproduktiver Kapitalien hinarbeiten und durch ihre Überproduktion sich selbst weit mehr schädigen, als ihnen durch die Einschränkung der Gesamtproduktion Schaden zugefügt wird. Deshalb leuchtet es auch ein, daß der so oft verpönte Luxus, der doch dem Handwerk und dem Kunsthandwerk zu gute kommt, Musiker, Schauspieler und Tänzer unterhält, einen Troß Diener beschäftigt und auf sonst noch tausendfältige Weise Arbeitsgelegenheit schafft, die Erträgnisse aus dem Gesamtprodukt des Landes nicht beeinträchtigt und noch viel weniger die Produktivkraft des Landes schädigt. Oft genug hat man freilich für das Volkselend, das die unmittelbare Ursache der großen französischen Revolution gewesen ist, die Verschwendung des Hofes verantwortlich gemacht. Obwohl aber Frankreich kein isolierter Staat gewesen ist und von der damaligen maßlosen Verschwendung in unserm Lande keine Rede sein kann, so ist es doch gut, darauf hinzuweisen, daß auch damals die maßloseste Verschwendung den Notstand des Volkes nur indirekt verursacht haben kann. Direkt können nur zwei Umstände die Not veranlaßt haben: daß infolge der damaligen Verschwendung die Güterverteilung so ungleich geworden war, daß sich der gesamte Landbesitz in den Händen weniger reichen Eigentümer befand, die nur geringe Sorge auf die Erträgnisse des Grundes und Bodens verwandten und sich nur für die Luxusproduktion, die ihrer verfeinerten Genußsucht diente, interessierten; denn dadurch wurde die Gesamtproduktion an Nahrungsmitteln bedeutend unter den Bedarf zurück gebracht. Und sodann, daß Frankreich durch seine Verschwendung Schuldner fremder Länder geworden war und einen Teil der Zinsen dieser Schulden mit den Bodenerzeugnissen seines eignen Landes zu bezahlen hatte. Ein dritter Umstand, an den damals vielfach geglaubt wurde, daß nämlich durch wucherische Spekulation große Getreidevorräte aufgespeichert und dem Volkskonsum entzogen worden wären, scheint nicht wirklich vorhanden gewesen zu sein; er wäre auch verhältnismäßig leicht zu beseitigen gewesen, während jeder der beiden andern Umstände verderblich wirken mußte. Alles, was wieder zu so unheilvollen Zuständen führen könnte, müßte mit den ernstesten Maßnahmen bekämpft werden.

Für unsern Staat ergiebt sich aus alledem, daß zur Vermeidung einer Wiederkehr des Notstandes hauptsächlich solche Maßregeln ergriffen werden müssen, die eine intensivere Bestellung des Grundes und Bodens fördern. Hier sind auch die umstürzlerischen Bewegungen im Lande ins Auge zu fassen, die darauf ausgehen, das Wohl der Massen durch eine neue Gesellschaftsordnung zu heben. Häufig genug geht man bei solchen Bewegungen von ganz falschen Voraussetzungen aus, die dann notwendig zu falschen Ergebnissen führen müssen. Da soll zunächst die Arbeit die alleinige Quelle des Volkseinkommens sein, und deshalb auch das Einkommen nur nach der Arbeitsleistung verteilt werden dürfen, während doch die Arbeit für sich allein gar nichts zu produzieren imstande ist, und weit eher die so verschieden geartete Naturkraft für sich allein produzieren könnte. Dann wird der Überproduktion vorgeworfen, daß sie direkten Schaden verursache; man tritt dem ausbeuterischen Kapital unterschiedslos entgegen, und unter Verkennung des imaginären Wertes des Geldes wird von einer gleichen Verteilung des Geldeinkommens alles Glück erhofft.

Aus den vorstehenden Ausführungen geht nun hervor, daß sich in einem isolierten Staate wie dem unsern durch anders geartete Produktion in der That eine Steigerung des Gesamtwohls herbeiführen ließe. Es ist nicht zu verkennen, daß man, statt die Erträgnisse des Bodens auf die relativen Überschüsse zu beschränken, sie auf die möglichste absolute Höhe spannen und an Stelle der Überproduktionen eine Produktion treten lassen könnte, die die Annehmlichkeiten des Lebens der Massen direkt erhöhte, wie z. B. der Bau lichter und luftiger Wohnhäuser mit allen Einrichtungen, die der Luxus ins Leben gerufen hat, und die allmählich das fast unentbehrliche Bedürfnis aller kultivierten Menschen geworden sind. Um das zu erreichen, denken sich nun ferner die einen alle Produktivkräfte auf den Staat übertragen, der dann für ihre richtige Entfaltung zu sorgen hätte, und wollen die andern, die dabei konsequenter vorgehen, den Privatbesitz überhaupt aufgehoben wissen. Man sollte doch aber vor allem nicht übersehen, daß die allerdings vorhandnen großen Schattenseiten der privatkapitalistischen Wirtschaft nichts gegen deren ebenso große Nützlichkeit beweisen, daß es überhaupt in dieser Welt nichts giebt, das Leben selbst nicht ausgenommen, was nicht neben den größten Vorteilen auch Nachteile an sich hat. Der Mensch, der im Laufe der Zeiten so große Fortschritte in der Kultur gemacht hat, daß er in der Überhebung unsrer Zeit wähnt, es seien ihm keine Grenzen gezogen, und durch verständige Einrichtungen und Gesetze ließe sich auch allgemeine Glückseligkeit herbeiführen, er verdankt doch den größten Teil seiner wirklichen Errungenschaften erst der durch die Interessen des Privatkapitals entstandnen Produktionsweise, die nun bekämpft werden soll. Die genannten Bestrebungen wollen nun auch keineswegs die Reize des Luxus, die das Kapital entfaltet hat, entbehren, sondern sie knüpfen an das an, was das Kapital erreicht hat, wenn sie dieses zum Gemeingut machen wollen. Dabei kann aber nicht nur jeder weitere Fortschritt gehemmt werden, sondern das Erworbne kann auch leicht wieder verloren gehen. In der Geschichte läßt sich kein Beispiel materieller Wohlfahrt und Entwicklung ohne Privatbesitz nachweisen. Hat es einmal ein Stadium der Kulturentwicklung gegeben, wo man nur Gesamteigentum zuließ, so war dieses Gesamteigentum jedenfalls nur auf kleinere Gemeinwesen beschränkt und mußte der weitern Kulturentwicklung weichen. Es bedarf keines Beweises, daß der Mensch nicht für einen isolierten Staat geschaffen sein kann, daß also die einzelnen Gemeinwesen, die das Privateigentum abschaffen würden, in dasselbe Verhältnis zu einander treten würden, wie früher die Gemeinwesen mit Gesamteigentum und wie heute die Individuen mit Privateigentum. Die Illusion, daß sich die ganze Menschheit zu einem einzigen wirtschaftlichen Gemeinwesen vereinigen ließe, hat ebenso nach den Erfahrungen der Geschichte wie nach der Natur des Menschen nicht den geringsten realen Boden; weit eher ließe sich eine solche Vereinigung da erhoffen, wo kein Widerstreit der Interessen herrscht, und dennoch wird es kaum einen Schwärmer geben, der sich der Hoffnung hingeben wollte, daß die Menschen sich in absehbarer Zeit zu einer gemeinsamen Sprache oder einer gemeinsamen Religion bekennen könnten.[5]) Wenn es der Sozialdemokratie mit dem Völkerbunde und der kampflosen Weltwirtschaft ernst wäre, so müßte sie sich mit ihrer Weltbeglückung gedulden, bis einmal wirklich Aussicht auf eine solche einheitliche Wirtschaft vorhanden wäre, aber das wäre bis zu einer Zeit, die uns nicht mehr interessiert, da, wenn sie überhaupt käme, Menschen den Erdball bevölkern würden, die anders geartet wären als wir. Und wäre es in der ersten Zeit der Begeisterung möglich, daß die Gesamtproduktion, die gehoben werden sollte, nicht litte, so wäre doch mit Sicherheit anzunehmen, daß sie in kurzer Frist unermeßlich zurückgehen würde, um sich dann unter uneinbringlichen Verlusten der alten Kulturentwicklung wieder anzupassen.

Auch wenn die Meinung berechtigt wäre, daß der Egoismus, der für sich besondre Vorteile und Annehmlichkeiten erstrebt, eine unberechtigte Triebfeder im menschlichen Dasein, ein bloßer Mangel unsers Charakters, eine krankhafte Abweichung von dem allein berechtigten Gemeinsinn sei und den strafbaren Vergehen und Verbrechen unsrer jetzigen Gesellschaftsordnung gleichgesetzt werden müßte, daß also der sozialistischen Weltordnung nur unberechtigte Sünde entgegenstünde (eine Ansicht, die sich übrigens genau genommen mit den materialistischen Anschauungen der Sozialdemokratie in direktem Widerspruch befindet), so wäre dadurch doch sicherlich noch nicht die Möglichkeit der sozialdemokratischen Weltordnung bewiesen. Niemand, der die Welt auch nur oberflächlich kennt, wird sich der Illusion hingeben, daß es uns jemals gelingen könnte, alle Krankheit und alle Verbrechen vollständig zu beseitigen, wenn auch die Menschheit fortgesetzt gegen beide kämpft und sie einzudämmen und zu mildern trachtet. Wohl ist der verführerische Gedanke ausgesprochen worden, daß das Verbrechen nicht soviel Schaden verursache, als seine Verfolgung Mittel erfordere, und man hat ausgerechnet, daß man mit dem Aufwand für die Aufrechterhaltung unsrer Gesellschaftsordnung alle Bestohlenen und sonst verbrecherisch Geschädigten reichlich entschädigen könnte. Aber es ist doch über jeden Streit erhaben, daß nur der fortgesetzte Kampf gegen das Verbrechen dieses so im Zaume hält, daß man überhaupt auf eine so zwecklose Berechnung kommen konnte.

Der sozialistische Staat müßte sich also notwendig darauf einrichten, in den Kampf gegen die Neigung der Einzelnen zu treten, die möglichst viel genießen möchten und über dem Genuß die Produktion vernachlässigen würden. Dieser Kampf würde sehr schwierig werden; nach der Natur des Menschen würde er so viele der besten Arbeitskräfte absorbieren, daß allein schon infolge dieses aufreibenden und höchst unerquicklichen Kampfes zu wenig Arbeitskräfte für die Produktion übrig bleiben würden und demgemäß die Produktion sehr schwach ausfiele. So wird der anscheinend lediglich auf Frieden begründete Staat überall in den Kampf gedrängt werden. Der wirtschaftliche Kampf gegen die übrigen außenstehenden Gemeinwesen ist eben nur durch Isolierung zu vermeiden, der Kampf im Innern nur durch eine Idealität, die der menschlichen Mangelhaftigkeit nicht entspricht. Und dann ist noch die weitere Frage aufzuwerfen, ob denn die angebliche Sünde, gegen die der Kampf unvermeidlich sein würde, nur als eine bedauernswerte Thatsache anzusehen wäre und nicht auch, selbst wenn wir sie unbedingt als Sünde ansehen wollten, auch eine ideale Berechtigung hätte? Oft genug ist von erleuchteten und wohlwollenden Männern die Mangelhaftigkeit der Menschennatur bedauert worden, und manche haben darin die Bestätigung gefunden, daß eine pessimistische Weltanschauung die allein berechtigte sei. Die meisten Materialisten erkennen zwar den Egoismus als berechtigt an und sehen namentlich im Elend und in den Gebrechen der Krankheit den Beweis, daß kein Gesetz der Zweckmäßigkeit in dieser Welt walte; sie nehmen an, daß man mit den Mängeln dieser Welt als mit ihrer unvermeidlichen Schwäche zu rechnen habe, und sie leugnen, daß sie überhaupt eine ideale Berechtigung habe. Aber sie übersehen, daß wir alles, was wir schätzenswertes an der Welt haben, den Mängeln verdanken, die so zweckwidrig erscheinen, und selbst die Materialisten können diese Mängel nur wegdenken, wenn sie eine Welt, die nicht irdischen Daseins ist, und die sie leugnen, zum Wertmesser heranziehen. Unsrer bessern Einsicht darf sich niemals verschließen, daß alle Kultur, die wir haben und erreichen können und nach dem uns eingebornen Triebe ewig fortschreitend zu vermehren trachten werden, nicht sowohl in unsern Fähigkeiten als vielmehr in unsern Schwächen ihren Ursprung hat. Aus dem Kampfe gegen Krankheit und Verbrechen, aus dem Drange nach Befriedigung unsrer Bedürfnisse bis hinauf zu denen, die über die so begrenzten endlichen Sinne hinausgehen, sind Kunst und Wissenschaft hervorgegangen, hat sich erst die Möglichkeit ergeben, daß die Menschen von einer Kultur sprechen können. Hat also die Sünde ihre ideale Berechtigung, dann ist auch der idealste Staat ein bloßes Hirngespinst, wenn er sich nicht auf den Kampf gegen die Sünde einrichtet.

Das Gefährliche der sozialistischen Ideen besteht wohl hauptsächlich darin, daß sie die menschlichen Herzen verleitet, in der Sehnsucht nach den schönen Zielen sich darüber hinwegzutäuschen, wie schwer der Weg zu diesen Zielen zu finden ist. Unser Staat hat es sich zur Aufgabe gemacht, innerhalb des Erreichbaren und in der in langem Werdegang und mit der Kraft der Geschlechter geschaffnen Gesellschaftsordnung das materielle Wohl der Massen zu heben. Es ist deshalb schon oft mit Recht auf die Nutzlosigkeit der Überanstrengung der einzelnen Arbeiter, der Ausbeutung von Frauen- und Kinderarbeit, die so große Nachteile mit sich bringt, hingewiesen worden, denn diese Arbeit ist entweder nutzlos, wenn sie der Überproduktion dient, oder nicht begünstigenswert, wenn sie den Begüterten einen ausgedehnten Luxus gestattet, während der für sämtliche Arbeitsleistungen vorhandne Gesamtlohn durch solche Arbeit meistens nicht erhöht wird, und der Nutzen aus dieser Arbeit mithin nur den Kapitalisten zufällt. Unser Staat hat es sich vielmehr angelegen sein lassen, durch mannig-

fache Einrichtungen und Gesetze und durch gutes Bei=
spiel die Lebensbedingungen und namentlich auch die
Lohnverhältnisse der Arbeiter zu verbessern. Nur eine
Irrlehre kann behaupten, daß dadurch das Los der
arbeitenden Klassen nicht ausreichend gebessert werden
könnte. Daß die bloße Sparsamkeit der Kapitalisten
nicht imstande ist, die Produktivkraft des Landes zu
erhöhen, und ihr Bestreben, immer neue Kapitalien
anzuhäufen, zu einer nutzlosen Überproduktion führt,
haben wir gesehen. Aber etwas ganz andres ist
es mit der Sparsamkeit der Arbeitermassen. Auch
durch ihre Sparsamkeit kann ja das Produktivkapital
des Landes nicht gehoben werden, aber sie sind im=
stande, einen Teil des Kapitals für sich zu erobern.
Nicht jedermann kann reich sein; Reichtum ist eben
ein relativer Begriff, der nur eine von dem Gewöhn=
lichen abweichende Menge von Vermögen bedeutet.
Wohl aber kann jedermann direkt und indirekt Kapi=
talist sein. Indirekt ist es jeder, sobald der Staat
großes Produktivkapital in seiner Hand vereinigt und
dessen Einkünfte zum allgemeinen Nutzen zu verwen=
den versteht. Dabei ist es nur schwer, die Produkte
zweckmäßig zu verwenden, und sodann insbesondre zu
vermeiden, daß die Produktivkraft, die dem Egoismus
der Privatfürsorge entzogen ist, geschwächt werde.
So haben sich im Mittelalter gewaltig große Länder
in der toten Hand, im Besitz von Kirchen und Klö=
stern vereinigt, alle diese Ländereien sollten gemein=
nützigen und wohlthätigen Zwecken dienen, aber die
Erträge gingen andauernd zurück, und die Wohl=
thätigkeit zog ein Heer von Bettlern und Arbeits=
scheuen groß. Noch heute kranken Länder wie Spa=
nien am Besitz der toten Hand. Ähnliche Gefahren

liegen in der Vereinigung von Produktivkapitalien in der Hand des Staates, während nicht geleugnet werden kann, daß durch solche Kapitalien auch den Enterbten ein Anteil am Besitz gesichert ist, weil die Erträge des Staatsbesitzes allen Gliedern des Staates zum Vorteil zu gereichen haben. Jeder Arbeiter aber, der seine Ersparnisse nutzbringend anlegt und somit einen Anteil am Produktivkapital des Landes erhält, wird Kapitalist. Dadurch werden die Arbeiter in den Stand gesetzt, selbst über einen Teil der Thätigkeit der Produktivkraft des Landes zu bestimmen, und sie können einschränkend auf die nutzlose Überproduktion einwirken und eine Produktion erzwingen, die ihren Bedürfnissen direkt zu statten kommt. Dadurch wird freilich die Macht des Großkapitals verringert, aber das ist nicht zu bedauern, wenn auch die Vermögenden ihre Einbuße nur ungern hergeben und von einer Verarmung des Landes reden werden, obwohl ihre Verarmung keineswegs eine Verarmung des Landes bedeutet.

Nun wird aber den Arbeitern das Ansammeln von Kapital erschwert werden, wenn eine Steigerung der Preise für die Lebensmittel eintritt, und es muß deshalb ganz besonders dafür gesorgt werden, daß die auf Gewinnung von Nahrungsmitteln gerichtete Produktivkraft des Landes erhalten und gefördert wird. Es wird allerdings von vielen als eine ungerechte Parteinahme verurteilt, wenn sich der Staat für die Hebung der Löhne interessiert. Die Arbeiter selbst ziehen vor, sich auf ihre eigne Kraft zu stützen, und sie sehen in dem gesetzlich erlaubten Streik ein zuverlässiges Mittel, auch ihre kühnsten Pläne zu verwirklichen. Aber das ist eine Illusion, die mehr der

Leidenschaft als der Überlegung entspringt. Denn der Streik muß zunächst die Produktivkraft des Landes empfindlich schädigen, und bei der Einbuße, die das Land notwendig erleiden muß, können die Arbeitermassen unmöglich Vorteil haben. Der Streik wird meist für einen Schritt der Verzweiflung ausgegeben, er kann aber doch nur unternommen werden, wenn Kapital dafür vorhanden ist, da er Geld kostet, also müssen die Arbeiter, die ihn unternehmen, in der Lage gewesen sein, Kapital anzusammeln, und der Massenstreik, der sogar großen Aufwand fordert, ist also ein Krieg des Kapitals gegen das Kapital. Zunächst ist er allerdings noch ein Krieg des Kleinkapitals gegen das Großkapital, sodaß es, wenn das Großkapital ebenso zusammenhält wie das Kleinkapital, nicht zweifelhaft sein kann, welche Seite den Sieg davonträgt. Wo er aber seine Zwecke erreicht, geschieht es oft nicht durch friedliches und williges Entgegenkommen der Besitzenden, sondern dadurch, daß sie sich durch Furcht und Sorge leiten lassen. Solches Zustandekommen darf dem Staate, der für die Aufrechterhaltung der Ordnung zu sorgen hat, nicht gleichgiltig sein; er wird besser daran thun, daß er durch direktes Eingreifen das Wohl der Arbeitermassen zu fördern sucht, als daß er Ausstände zuläßt, die fast immer mit Gewaltthätigkeiten, namentlich gegen die nicht mitstreikenden Arbeitsgenossen, verbunden sind und sich von den Aufständen fast nur dem Namen nach unterscheiden.

Im Eingange unsers Berichts ist für den Notstand lediglich die mangelhafte Nahrungsmittelproduktion verantwortlich gemacht und damit die Annahme zurückgewiesen worden, daß etwa eine Übervölkerung eingetreten wäre, für die diese Produktion überhaupt nicht mehr habe ausreichen können. In der That hat auch der Zuwachs der Bevölkerung die Produktivkraft des Landes nicht geschwächt, sondern sogar gestärkt. Man wird also, um es nochmals hervorzuheben, auf Mittel zu sinnen haben, die die Produktivkraft der Nahrungsmittelgewinnung möglichst fördern und damit Hand in Hand an die Stelle der nutzlosen Überproduktion eine Produktion zur Befriedigung des Bedarfs der Massen zu setzen, indem man das Anwachsen von Großkapitalien in wenigen Händen nicht nur nicht begünstigt, sondern es dadurch eindämmt, daß man das Ansammeln der kleinen Kapitalien in den Händen der Massen unterstützt.

Daß eine Übervölkerung eine volkswirtschaftliche Kalamität sein würde, soll nicht geleugnet werden. Mit dieser Gefahr brauchte man sich aber erst dann zu beschäftigen, wenn sie wirklich nahe träte; jedenfalls brächten Maßnahmen gegen das natürliche Wachstum der Bevölkerung ernste Gefahren mit sich, denn die Natur läßt sich nicht zwingen, und unnatürliche Eingriffe führen zur Vernichtung.⁶)

---

3. Der Einfluß des Völkerverkehrs auf das Vermögen und Einkommen des einzelnen Volkes

Die entwickelten Grundgesetze müssen auch in der Wirklichkeit bei der Berechnung des wahren Gesamteinkommens eines Volks ihre Geltung behalten. Wenn man erkannt hat, daß zwischen Kapital und Produktivkapital unterschieden werden muß, und daß das Einkommen eines Volks lediglich von Arbeitsleistung und Produktivkapital abhängig ist, leuchtet es ein, daß die Produktivkraft eines Landes auch ihre natürlichen Schranken haben muß, und ferner, daß die privatkapitalistische Wirtschaft die völlige Ausnutzung aller in einem Lande vorhandnen Produktivkapitalien verhindern kann. Und dies entspricht der Erfahrung, denn in allen Ländern mit hochentwickelter Kultur kommen thatsächlich vielfach Produktionsvergeudungen und Produktionsvernachlässigungen vor. Das zeigen die Handelskrisen und zeigt die Wahrnehmung, daß reiche und kapitalkräftige Länder wie England und Deutschland ausländischer Zufuhr bedürfen, um ihre Bevölkerung zu ernähren, während nach vorurteilsfreier Berechnung die in der Überproduktion vergeudeten Kräfte nicht annähernd erforderlich wären, die Erträgnisse der beiden Länder an Nahrungsmitteln der angewachsenen Bevölkerung entsprechend zu steigern. Es ist eine Täuschung, wenn man den von Handelskrisen angezeigten immer wiederkehrenden Niedergang von Handel und Gewerbe nicht auf den Wirtschaftsverkehr selbst mit seiner verfehlten Produktion, sondern auf äußere Anlässe, politische Verwicklungen und Kriege zurückführen will. Ein Krieg wird freilich den Konsum einschränken und den Eintritt der Krisis beschleunigen, aber er schafft sie nicht. Der Handel vermag unter der Gunst der öffentlichen Meinung, also durch ihm gewährten Kredit, die Preise überschüssiger Waren sehr lange zu halten, aber die Krisen treten schließlich doch und auch ohne Krieg ein, wie die Erfahrung hinreichend gelehrt hat. So klar wie in einem isolierten Staate sind in der Wirklichkeit die Ziele einer richtigen Wirtschaftspolitik freilich nicht gegeben. Der Handelsverkehr ermöglicht die Eroberung fremder Produktivkräfte, aber er macht auch die Produktivkraft des eignen Landes dem Ausland unterthan. In dem Kampfe, zu dem dies führt, ist eine zielbewußte Führung noch viel unentbehrlicher als in der Wirtschaftsordnung eines isolierten Staats.

Wenn ein Land in Handelsverkehr mit einem andern tritt, so wird es als normales Verhältnis anzusehen sein, wenn sich durch den direkt oder indirekt erfolgenden Güteraustausch beide Länder gleichmäßig bereichern. Indirekt ist der Austausch, der — wie es fast allein noch vorkommt — durch Geldzahlung vermittelt wird, indem Waren für Geld an das Ausland abgegeben und Waren gegen Geldzahlung vom Auslande bezogen werden. Man könnte meinen, ein solcher bloßer Tausch habe keine produktive Kraft, berühre keins der beiden Länder und führe nur eine Veränderung in dem Vorrat der Produkte herbei. Zweckmäßiger Handel und zweckmäßig angewandte Verkehrsmittel, die ihn unterstützen, sind aber im Wirtschaftsverkehr ebensoviel wert wie eine Produktivkraft. Denn ohne den Handel könnte eine Produktion zwecklos sein, weil er erst ihre Erzeugnisse an die Stellen führt, wo Bedarf dafür vorhanden ist. Außerdem ist aber die Produktion vieler Artikel, selbst wenn sie an jedem beliebigen Orte möglich sein sollte, auch nach Qualität und Quantität sehr verschieden, sie ist nach Brauchbarkeit und Ergiebigkeit von der Beschaffenheit des Grundes und Bodens, von den vorhandnen Naturkräften, den Anlagen und der erworbnen Geschicklichkeit der Arbeiter abhängig, und auch da macht es die Vermittlung des Handels — wie im Inlande so nach dem Auslande — möglich, daß sich jeder Ort der für ihn erfolgreichsten Produktion zuwenden kann, und jedes der beiden Länder, die die Güter mit einander austauschen, kann dem andern den Überschuß der Erzeugnisse und Güter geben, die das andre für sich nicht in genügendem Maß oder gar nicht produzieren kann. Durch einen Handel, der dies zweckmäßig vermittelt, kann also das Gesamteinkommen jedes der beiden Länder gehoben werden.

Es kann aber bei diesem Verkehr auch geschehen, daß ein Land der Schuldner des andern wird, und zwar in einer für beide Länder nutzbringenden Weise, wenn das Land, das gegen Kredit mehr einführt, als es ausführt, dadurch sein Produktivkapital hebt. Ein noch nicht hoch entwickeltes Land, wie z. B. Rußland, kann durch Einführung von Maschinen und Ackergeräten und solcher Erzeugnisse, die dazu dienen, den Verkehr zu ermöglichen und zu erleichtern, seine eigne Produktivkraft so außerordentlich heben, daß die ihm in der Verzinsung des fremden Kapitals auferlegte Last mehr als aufgehoben wird.

Aber es giebt auch zwei andre Arten von Verschuldung, die diese Vorteile nicht bieten. Das ist zunächst die, die daraus entsteht, daß bei der bestehenden Geldwirtschaft dem Geld eine Zwangskaufkraft innewohnt, gegen die nicht angekämpft werden kann. Ist das eine Land reicher an Geldmitteln als das andre, so ist es mit seinem überflüssigen Gelde imstande, Produktionskraft des Auslandes zu kaufen; damit wird es das Gesamteinkommen seines eignen Landes heben, das des fremden Landes aber schmälern. Deshalb ist es so außerordentlich wichtig, wenn nicht schwere Nachteile entstehen sollen, ein Edelmetall zum Geldmaßstab zu nehmen, das andern Ländern nicht im Überfluß zugänglich ist, während es im Inlande nur kärglich gewonnen werden kann. Denn es ist klar, daß die fremden Länder mit ihrem überlegnen Geldvorrat nicht immer nur die überschüssigen Produkte des ärmern, sondern sehr leicht auch ihre Anleihen und Aktien kaufen werden. Einer kurzen Zeit des Jubels aller Warenverkäufer würde bald allgemeine Verarmung folgen, wenn man sich eines Metalls als Geld bediente, das der Ausländer viel leichter und in viel größern Mengen zu produzieren imstande ist, als man es selbst produzieren kann.

Die andre Art von nachteiliger Verschuldung besteht in der Schmälerung des Gesamteinkommens durch Abtragung von Zinsen an das Ausland. Schuldner des Auslandes wird ein Land durch Anleihen, die nicht im Inlande selbst untergebracht werden können, und kann es ferner durch die bereits erwähnte passive Handelsbilanz werden. Jedes Land, das von einem andern Lande Sachgüter von einem höhern Gesamtwerte aufnimmt, als es dorthin ausführt, hat diesem Lande gegenüber eine passive Handelsbilanz. Nimmt ein Land im allgemeinen Waren von einem höhern Gesamtwerte auf, als es ausführt, so begleicht es zwar den Mehrwert nicht mit seiner eignen Sachgüterproduktion, braucht aber trotzdem nicht in Schuldenlast gegen das Ausland zu geraten. So hat England andauernd eine passive Handelsbilanz und wird trotzdem nicht ärmer, weil es den Mehrwert der aufgenommenen Waren aus den Einkünften der außerhalb Englands belegnen, aber Engländern gehörigen Landgüter und industriellen Anlagen sowie den Zinsen der von Engländern erworbnen ausländischen Rententitel zu bezahlen vermag. Wenn aber durch die Mehreinfuhr eine Schuldenlast entsteht, so erfordert diese ebenso eine Zinsabgabe an das Ausland, wie die dort untergebrachte Anleihe. In beiden Fällen bedeuten die Zinsabgaben, gleichgiltig, ob sie von den Privaten direkt abgetragen oder erst durch Steuern beigetrieben und an das Ausland bezahlt werden, eine Abtretung eines Teils der Produktivkraft des Landes an das Ausland. Soweit also durch die auswärts untergebrachte Anleihe oder durch die passive Handelsbilanz das Produktivkapital des Landes nicht gehoben wird, werden Länder, deren Produktivkraft mangelhaft entwickelt ist, infolge ihrer Zinsverpflichtungen wirtschaftlich zu Grund gerichtet werden müssen. Dennoch kann man sehen, daß sogar arme Länder eine passive Handelsbilanz nicht scheuen, nur um sich ganz entbehrliche Luxusartikel zu verschaffen. Dies wird z. B. da geschehen, wo viel Großgrundbesitz vorhanden ist, der weniger auf die absolut höchsten Erträge, als auf die relativen Überschüsse hinarbeitet und geneigt ist, die frei gewordnen Überschüsse zur Deckung seines Luxusbedarfs dem Auslande hinzugeben. So bestand, als das Königreich Polen zerfiel, das Volk fast ausschließlich aus grundbesitzendem Adel und einem hörigen Bauernstande. Alle Schriftsteller jener Zeit, unter andern Voltaire, sagen, daß diese Hörigen ihr Leben nur jammervoll gefristet hätten, und daß ihr Los viel elender gewesen sei als das der Hörigen andrer Länder. Nun haben aber die Polen, zu deren unleugbaren Vorzügen es gehört, daß ihnen ihre Geschichte sehr am

Herzen liegt, zuverlässige Urkunden aufgefunden, die beweisen, daß ehemals in keinem andern Lande der Hörige so wenig Herrendienste zu leisten und so reichlich Acker zu seiner Nutzung zur Verfügung hatte wie gerade in Polen, sodaß er bei reichlicher Nahrung ein beschauliches und zufriednes Dasein führen konnte. Daß sich die Verhältnisse später so ganz anders und so viel schlechter gestalteten, hing nun damit zusammen, daß in der frühern Zeit der Gutsherr von den reichlichen Überschüssen keinen Geldvorteil hatte, das waren der Hörigen glückliche Tage. Die Berührung mit fremden Ländern und der Absatz der Erzeugnisse des Landes dorthin hob dann den Wert der Erträgnisse des Landes, vermehrte seinen Geldreichtum, wurde aber den Hörigen zum Verhängnis dadurch, daß der Gutsherr, um seine Einkünfte aus dem Erlöse der Ackerprodukte zu heben, die Arbeitsleistungen der Hörigen möglichst in Anspruch nahm und das den Hörigen zur Nutzung überlassene Ackerland möglichst einschränkte. Und ähnliches ist in vielen andern Ländern vorgegangen.

Wenn es also nur unter Umständen für ein Land vorteilhaft sein wird, daß es sich fremdes Kapital zuführt, so wird sich diese Zuführung fast immer als ein Vorteil für das zuführende Land herausstellen. Das Vorschießen von Geld an ein fremdes Land macht einen Teil der Produktionskraft des fremden Landes dem eignen Lande nutzbar, macht das fremde Land gleichsam tributpflichtig und hebt das Gesamteinkommen des eignen Landes. Nur dann wird eine solche Ausfuhr von Kapital nachteilige Folgen haben, wenn dadurch das Produktivkapital des eignen Landes Abbruch erleidet. Man darf hierbei nicht übersehen, daß einerseits in einem kapitalkräftigen Lande die weitere Hebung der Produktivkraft ziemlich schwierig sein wird, und daß sich andrerseits gerade die privatkapitalistischen Einzelinteressen nicht dieser Hebung zuwenden werden. Im allgemeinen wird man also die Kapitalausfuhr dann als einen volkswirtschaftlichen Vorteil betrachten können, wenn man die Überzeugung gewonnen hat, daß sich das Produktivkapital eines Landes und namentlich das nützliche nicht schrankenlos steigern läßt. Dies letztere aber wird man zugeben müssen, wenn man sich selbst auch nur an die ganz gewöhnlichen Auffassungen hält. Jedermann weiß, daß die Erträge eines größern Produktivkapitals den Besitzer befähigen, ohne eigne produktive Arbeit ein nützliches oder auch bloß genußreiches Dasein zu führen; unmöglich ist es aber, daß das Produktivkapital im Lande selbst so verwertet wird, daß alle Einwohner des Landes an dessen Erträgen ohne eigne produktive Arbeit ihren Unterhalt gewinnen. Das Produktivkapital kann eben ohne Arbeit überhaupt keine Erträge liefern, und da die Arbeit keine unbegrenzte sein kann, so sind auch dem Anwachsen des Produktivkapitals unüberwindliche Grenzen gezogen. Kein vernünftiger Mensch wird es für möglich halten, daß es jemals ein Land gegeben habe oder geben könnte, das, ohne Kapitalgläubiger fremder Völker zu sein und ohne eigne Produktion zu haben, zu existieren vermöchte. Deshalb sollte auch niemand verkennen, daß für jedes Volk die Kapitalanlagen im eignen Lande ihre natürlichen Grenzen haben, und daß es für ein kapitalgesättigtes Land von außerordentlichem Werte ist, seine Überschüsse in der Fremde verwerten zu können. In diesem Falle ist es ein schädlicher Irrtum, wenn die Staatsmänner vor dem Erwerb ausländischer Werte warnen, um das Kapital dem Inlande zu erhalten, und ihr Irrtum würde zu einer sehr nachteiligen Kapitalvergeudung führen und die Vermehrung des Reineinkommens ihres Landes hindern. Es wäre kein Ausgleich dieses Schadens, wenn dadurch der Kredit des Landes gehoben würde, also seine Anleihen im Werte stiegen. Mit der Kurssteigerung würde für die Inländer, die die Anleihe zu dem höhern Kurse erwerben wollen, überdies der Nachteil Hand in Hand gehen, daß sich das Erträgnis im Verhältnis zu dem zu zahlenden Preise verringerte, daß also solchen Leuten, für die eine sichere Anlage besonders nötig ist, wie den Witwen und Waisen, die Anlage wegen des geringfügigen Erträgnisses erschwert oder gar unmöglich gemacht würde. Gut gemeint war es sicherlich, als man in Deutschland die große Kriegskontribution von 5 Milliarden im Inlande zinsbar anlegte und so die Verwendung des Geldes unserm Volke selbst möglich machen wollte. Aber Deutschland war wahrscheinlich schon vor Einbringung der Kontribution ausreichend mit Geld versehen, und ein großer Teil der Milliarden konnte keine Verwendung zur Hebung der Produktivkraft des Reichs finden und ist deshalb in nutzlosen Überproduktionen vergeudet worden. Man bedenke doch, daß Gelder an sich nichts produzieren, daß sie im Inlande nur soweit zur Hebung nützlicher Produktion dienen werden, als es das Privatinteresse der Kapitalinhaber geschehen läßt, und aus dem Auslande nur Waren und Zinswerte herbeischaffen können. Die Änderung in der Produktion

aber, zu der das Privatkapital nach dem Milliarden=
segen schritt, war in ihrem Nutzen ebenso frag=
würdig, wie die Überschwemmung unsers Marktes
mit fremden Waren, und es wird schließlich in der
Hauptsache nur die Vermehrung an fremden Zins=
werten sein, was von jenen Milliarden dauernd
unser Reineinkommen gesteigert hat. Zu einem kleinen
Teile mögen die Gelder dazu beigetragen haben,
unsre Produktivkraft zu steigern, indem sie die der
Produktion nützlichen Verkehrsmittel vermehrten; aber
auch diese Steigerung hat, da sie stellenweise über
Bedarf geschehen ist, wenig zur Vermehrung unsers
Reineinkommens beigetragen. Welchen Vorteil für
ein kapitalgesättigtes Land die Anlage in fremden
Werten haben kann, beweist Frankreich selbst, dessen
inländisches Reineinkommen augenscheinlich durch die
Zahlung der Kriegsschuld durchaus nicht zurückge=
gangen ist: ein Beleg dafür, daß es die Kontribution
nicht mit seiner eignen Produktivkraft zu bezahlen
nötig hatte.

So wenig die Forderung des Inländers an den
Inländer, die im Inlande untergebrachten Anleihen
an sich, das Produktivkapital eines Landes, vermehren
oder vermindern, sondern nur je nach den von den
Kapitalisten verfolgten Zwecken eine Veränderung
der Produktion herbeiführen können, so sicher be=
deuten die Forderungen an das Ausland eine ge=
winnbringende Kapitalvermehrung für das Inland
und in entsprechendem Maße eine Eroberung eines
Teils der Produktivkraft des Auslandes zum Nutzen
des Inlandes.

Aus alledem ergiebt sich nun, daß die Wirt=
schaftspolitik jedes Landes darauf hinausgehen muß,

fremde Kapitalien, die die eigne Produktivkraft nicht heben können, möglichst fern von sich zu halten, die eignen Kapitalien aber, die die eigne Produktivkraft nicht mehr steigern können oder auch nach der von den Kapitalisten verfolgten Tendenz nicht mehr steigern werden, in der Eroberung fremder Produktivkraft zu unterstützen.

In einem kapitalkräftigen Lande drängt das Kapital ganz von selbst zum Erwerbe fremder Produktivkraft, in erster Linie, weil ihm das ein besseres Erträgnis einbringt, als es daheim finden kann; dann, weil ein kapitalkräftiges Land eine große Industrie entwickelt, und diese sich bei der nicht ausbleibenden Überproduktion vor allem durch Abstoßen der im Inlande nicht mehr nutzbringend abzusetzenden Güter an das Ausland zu retten suchen wird. Diese Eroberung der fremden Märkte hat nun aber ihre Grenzen, und zwar zunächst darin, daß sich die fremden Länder in ihrem Selbsterhaltungstrieb, auch wenn dort so manche privatkapitalistische Tendenzen dem Eindringen fremden Kapitals günstig sind, trotz der schönsten Irrlehren nicht uneingeschränkt werden ausbeuten lassen und sich mehr oder weniger dagegen zu schützen suchen werden, daß ihre Produktivkraft dem Auslande unterthan wird. Dann tritt auch der Wettbewerb andrer Nationen der Ausbeutung hindernd entgegen, sodaß alles in allem auch bei starkem Export schließlich in jedem Kulturlande die Überproduktion unter der kapitalistischen Geldwirtschaft ebenso sicher als Überproduktion wirken wird, wie sie es in einem isolierten Staate gethan haben würde. Der allgemeine Wettkampf der Nationen, der unter Fernhaltung fremden Kapitals, das die Produktivkraft des einzelnen Volkes nicht zu heben vermag, mit dem eignen Kapital fremde Produktivkraft zu erobern, spannt ihre Nerven auf das höchste an, zwingt sie zu dem Bestreben einer größtmöglichen Industrieentfaltung und hat neben der Steigerung der Kultur, den er in manchem mit sich bringen wird, unsägliche Nachteile im Gefolge. Bei uneingeschränktem Kampfe muß die Nation gewinnen, die die meisten Arbeiter stellt, den wenigsten Luxus treibt, die schlechtesten Löhne zahlt und die angestrengteste Arbeit fordert. Jeder Arbeiter, der zum Militärdienst herangezogen wird, ist in solchem Ausbeutungskampfe den mitbewerbenden Staaten gegenüber ein verlorner Streiter. Trotz der wachsenden Bevölkerung wird Frauen- und Kinderarbeit gesucht, und dabei verliert der gewinnende Staat die Arbeiter für sein wichtigstes Gebiet, für seinen Ackerbau. Der Ackerbau verliert also in dem gewinnenden Staate an Intensivität, aber oft nicht minder auch bei dem verlierenden. Er hat gewissermaßen Recht, wenn er nur auf die relativen Überschüsse sieht und Ausgaben scheut, deren Zinsen sich höher belaufen als das durch die Meliorationen erzielte Mehrerträgnis. Der verlierende Staat, der meist nur mit Bodenfrüchten zahlen kann, muß also dann seine eignen Einwohner Hunger leiden lassen, während der Kampf zugleich dem Ackerbau des siegenden Staates die Vernichtung bringt. Das sind die Verhältnisse des freien Konkurrenzkampfes, und wohl niemals hat es eine unheilvollere Lehre gegeben als die, die eine regelrechte Ordnung aller Verhältnisse von dem freien ordnungslosen Walten aller Kräfte erwartet. Selbst Sozialdemokraten haben auch schon eingesehen, daß ihnen bei der freien Konkurrenz der einzelne Staat wenig nützen kann, sie sind keine Anhänger des prinzipiellen Freihandels und suchen ein internationales Band zwischen den Arbeitern herzustellen. In der That läßt sich der übergroßen Ausnutzung der Arbeitskraft nur durch internationale Verträge entgegentreten, da eben bei dem allgemeinen Wettkampfe der einzelne Staat nicht leicht eine Produktionsverminderung ertragen kann. Sehr zu Unrecht haben aber die Sozialdemokraten ihre Interessen in einen völligen Gegensatz zu den agrarischen gestellt. Sie vergessen dabei nicht nur, daß erstens das billige Brot, das ihnen aus dem Auslande zugeführt wird, oft genug eine Beeinträchtigung der Ernährung der dortigen Bevölkerung bedeutet, sondern auch das, daß das beste Mittel zur Hebung ihrer eignen Ernährungsverhältnisse in der Stärkung der Kraft des Landes zur Erzeugung von Nahrungsmitteln liegt. Wie die Arbeitskraft in dem allgemeinen Konkurrenzkampf vergeudet wird, kann ein besonders krasses Beispiel lehren. Von fast allen Seiten tönt die Behauptung, daß wir unsre militärische Rüstung kaum auf die Länge würden ertragen können. Als aber Friedrich Wilhelm I. starb, hinterließ er dem großen Friedrich nur ein nach unsern Begriffen armes Land mit $2^{1}/_{2}$ Millionen Einwohnern, dabei aber eine vorzüglich ausgerüstete Armee von 90 000 Mann. Beim Tode Friedrichs des Großen hatte Preußen 5 Millionen Einwohner und ein Heer von 200 000 Mann. Für das deutsche Reich würde dies bei 50 Millionen Einwohnern ein stehendes Heer von 1 Million 800 000 Mann bis 2 Millionen Mann betragen. Bei dem herrschenden Konkurrenz=

kampfe sieht sich nun aber das reiche Deutschland zu einer so übermäßigen Produktion gezwungen, daß es kaum den dritten Teil dieser Arbeitskräfte für das stehende Heer entbehren kann.

Solche Wahrnehmungen zeigen, daß ein Land bei einer seiner Bevölkerungszahl entsprechenden intensiven Landwirtschaft viel kräftiger als auch bei einer reichen Industrie werden muß. Wie es aber der Kommissionsbericht theoretisch zu begründen versucht hat, so zeigt es sich erfahrungsmäßig überall, daß jede Kapitalvermehrung die Tendenz einer Hebung der Industrie und eines Rückgangs der Landwirtschaft verfolgt. Während sie aber einer bereits hoch entwickelten Industrie nur sehr schwer eine nutzbringende Produktionsvermehrung verschaffen wird, und ihr bei ganz freiem Walten der Kräfte oft mehr Schaden als Nutzen bringen wird, wird sie sicher zur Hebung der Intensivität der Landwirtschaft nichts beitragen, denn das Interesse, das die Kapitalisten im allgemeinen verfolgen, und das der Großgrundbesitzer durch Erzielung relativer Überschüsse wahrzunehmen sucht, steht der intensiveren Bewirtschaftung entgegen. Wenn die Entwicklung eines Landes zu einem Industriestaate ganz natürlich den Rückgang der Landwirtschaft mit sich bringt, so sehen viele mehr Vorteil als Nachteil darin; sie wollen dem Rückgang gar nicht abhelfen, vor allem weil sie falsche Maßnahmen fürchten, oder auch weil sie einer Theorie zuliebe den unbehinderten Verlauf des Interessenkampfs der staatlichen Fürsorge vorziehen. Zuzugeben ist dabei, daß der Industriestaat, dem es andauernd gelingt, sich fremde Produktivkraft unterthan zu machen, ungemein an Reichtum zunimmt.

Durch die fremden Werte wächst das Kapital fast unbegrenzt, das Gesamteinkommen wird gehoben, und der Industriestaat kann und darf es in unsrer Zeit nicht unterlassen, auch den Arbeitermassen einen größern Anteil an dem reichen Gewinn zu überlassen, als sich bei dem freien Konkurrenzkampf in der That ergeben würde. Die außerordentliche Macht, die einem Lande aus Forderungen gegen das Ausland erwächst, zeigt sich im grellsten Lichte, wenn man bedenkt, daß kein Land, das nur über eignes Kapital verfügt, wenn es auch noch so stark entwickelt ist, ohne eigne Produktion leben kann, während umgekehrt ein Staat, der fremde Produktivkraft in ausreichendem Maße zur Verfügung hat, sich ohne eigne Produktion von fremden Ländern unterhalten lassen kann. Rom ist das klassische Beispiel eines solchen Staates. Die Kapitalisten Roms hatten sich die Produktivkraft der halben Welt unterthan gemacht, sie ernährten das römische Volk und sorgten für dessen Belustigung. Aber Rom ist trotzdem untergegangen, weil es nicht verstanden hat, sich neben dem Reichtum, den es aus den Erträgen der Provinzen und Kolonien sog, die Produktivkraft des eignen Landes zu erhalten. Der gesamte Grundbesitz Italiens war in die Hände einer kleinen Zahl von Eigentümern gelangt, die großen Massen der Bevölkerung aber hatten die Lust und Fähigkeit zum Ackerbau verloren, und zu intensiver Bewirtschaftung fehlten sowohl Interesse und Neigung der Großgrundbesitzer wie die Arbeitskräfte. Diese Entwicklung hat ihre Kritik in dem allgemein anerkannten Satze gefunden: Latifundia perdidere Italiam — der Großgrundbesitz hat Italien zu Grunde gerichtet. Arbeit, namentlich landwirtschaftliche, erhält den Menschen und das Land gesund, und als bester und sicherster Reichtum eines Landes erweist sich jederzeit die eigne Produktivkraft, die es für sich selbst ausnützen kann, ohne fremden Ländern zinspflichtig zu werden; den Verlust dieser Kraft kann kein Reichtum an Zinsforderungen ersetzen. Und so wird auch immer die Produktivkraft die wichtigste bleiben, die den Menschen direkt ernährt. Geld und Geldeswert können an sich keine Bedürfnisse befriedigen; sie können sich in einem Lande ins Ungemessene steigern lassen, und die Volkskraft, der wahre Reichtum jedes Landes, wird dabei doch zu Grunde gehen können.

Der Staat hat also eine Fülle schwieriger und sogar widerspruchsvoller Aufgaben. Er kann die auf dem Egoismus beruhende Privatwirtschaft nicht entbehren und muß doch schließlich das Gemeinwohl gegen Benachteiligung durch die Einzelinteressen schützen. Er hat darnach zu trachten, daß der Reichtum des Landes durch Eroberung fremder Produktivkraft wächst, die Produktionsvergeudung aber möglichst vermieden und vor allem die wertvollste Produktivkraft des Landes, seine Landwirtschaft, weiter entwickelt wird.

Unsre Volkswirtschaft und die Sozialdemokratie

Keine der wirtschaftlichen Massenbewegungen der vergangnen Zeit hat annähernd die Bedeutung gehabt, die man den sozialdemokratischen Bestrebungen beilegen muß. In den Sklavenkriegen, in den Kämpfen der Gracchen, im Aufstande der deutschen Bauern handelte es sich eigentlich nicht um eine neue Wirtschaftsordnung, sondern um die gewaltsame Erlangung von Anteil an Besitz und Rechten, die die Revolutionäre ebenso genießen wollten, wie sie bis dahin von der herrschenden Minderheit allein genossen waren. Auch in den Bestrebungen der großen französischen Revolution hat man sich wirtschaftlich und politisch an die bestehenden Verhältnisse angelehnt. Erst in den Kommunardenkämpfen von Paris werden wohl zum erstenmal unter kulturfeindlichen Bestrebungen und grausigen Verwüstungen mit thatkräftiger Gewaltsamkeit Ziele verfolgt, die insofern mit den sozialdemokratischen übereinstimmen, als sie eine neue Wirtschaftsordnung herbeiführen wollen und auf etwas noch nie verwirklichtes gehen, etwas, dessen mögliche Verwirklichung auch noch niemals bewiesen

worden ist. Manche wiegen sich in der beruhigenden
Hoffnung, daß diese ungeheuerlichen Ziele keine Ge=
fahr in sich bergen, weil man nur Gegner zu fürchten
habe, die etwas erreichbares erstreben. Die meisten
lassen sich aber durch ein so theoretisches Trostmittel
nicht täuschen, sie verkennen die Gefahr nicht, denn
sie sehen, daß die umstürzlerischen Ideen mehr und
mehr um sich greifen, und daß wahrscheinlich weder
die Majorität im Reichstage noch das Heer auf die
Dauer ein Bollwerk zum Schutze der alten Ordnung
sein werden, der Reichstag, der aus dem allgemeinen
und gleichen Wahlrechte, und das Heer, das aus der
allgemeinen Dienstpflicht hervorgegangen sind. In
der That legt das stete Anwachsen der sozialdemo=
kratischen Stimmen die Frage nahe, woher denn die
Kräfte kommen sollen, die der drohenden Gefahr zu
begegnen imstande wären? Schon hört man von den
Bestgesinnten hie und da die Überzeugung aussprechen,
die Sozialdemokratie werde siegen, um dann freilich
nach großen Verheerungen und trüben Erfahrungen
zur alten Ordnung zurückzukehren.

In vielen Punkten zeigt unsre Zeit eine er=
schreckende Ähnlichkeit mit der, die der französischen
Revolution vorherging. Auch damals herrschte in
allen Schichten der französischen Bevölkerung ein
dumpfes Gefühl der Unzufriedenheit. Es gab auch
viel guten Willen bei den herrschenden Klassen, den
Übelständen abzuhelfen, und thatsächlich wurde, wie
Taine so glänzend nachgewiesen hat, auch viel ge=
than; und dennoch konnte man sich zu keiner durch=
greifenden Reform aufraffen. Und wie ist es bei
uns? Fast scheint es, als ob die Worte eines geist=
reichen Gelehrten ihre Bestätigung finden sollten, daß

die Geschichte dazu da sei, daß man aus ihr lerne, man könne nichts aus ihr lernen. Man bildet sich ein, es sei alles gethan, was möglich sei, und da alles umsonst geschehen sei, bleibe nun nichts mehr zu thun übrig. Man hat die Sozialdemokraten durch Ausnahmegesetze bekämpft, man hat ihnen unter dem Namen positiver Bekämpfung Zugeständnisse gemacht — alles war vergeblich, und die Nützlichkeit der Maßregeln, die man ergriffen hat, läßt sich bezweifeln. Der ideale Standpunkt, daß man Wahnvorstellungen und Ideen nicht dadurch bekämpfen könne, daß man gegen die Träger dieser Vorstellungen gewaltsam vorgehe, scheint eben berechtigt zu sein, auch wenn die Geschichte zeigt, daß in den romanischen Ländern, daß in Polen und Österreich der Protestantismus dadurch siegreich bekämpft worden ist, daß man seine Bekenner mit Härte und Grausamkeit verfolgte. Denn im modernen Staate sind die Ideen des Volkes die Ideen des Staates. Die Träger einer Idee wissen, daß ihre Idee durch Parlament und Heer den Staat bemeistern wird, wenn sie nur wirklich zur Idee des Volkes geworden ist, und dabei kommt nichts darauf an, ob die Idee nur ein Wahn ist. Deshalb erscheint es heutzutage eigentlich zwecklos, die Wahnvorstellungen mit einem Nimbus zu umgeben, indem man ihren Trägern durch Ausnahmegesetze gestattet, ihre Überzeugungstreue gleichsam als Märtyrer zu beweisen. Bei den Zugeständnissen aber wird es ewig bedauerlich bleiben müssen, daß auch sie ebenso wie die Ausnahmegesetze erst an jenen Tag der Schmach, der verbrecherischen Ausschreitungen gegen den unsterblichen greisen Kaiser anknüpften und dadurch dem heillosen Gedanken Vorschub leisteten, daß auch das Verbrechen ein geeignetes Mittel zur Durchführung der sozialen Bestrebungen sein könne. Jedenfalls haben wir gesehen, daß weder Ausnahmegesetze noch Zugeständnisse gegen das Anwachsen der sozialdemokratischen Anschauungen geholfen haben. Und mit demselben Mißerfolge hat auch die Kirche ihre Autorität gegen diese Anschauungen eingesetzt. Die Kirche kann schlimme Leidenschaften des Menschen mit Erfolg bekämpfen, sie braucht aber an der Aufrechterhaltung einer bestimmten sozialen oder politischen Ordnung nicht weiter interessiert zu sein, als sie überhaupt für den Frieden wirkt, und sie ist auch nicht eigentlich berufen, gegen wirtschaftliche Theorien zu streiten. Eine Devise wie Freiheit, Gleichheit und Brüderlichkeit, man mag sie schätzen oder nicht, möglich ist sie nur unter christlichen Anschauungen gewesen, aus Sokrates oder Plato ist sie sicherlich nicht zu entnehmen. Wenn sich die Sozialdemokraten von roher Begehrlichkeit zu der begeisterten Idee einer die ganze Menschheit umfassenden Glückseligkeit erheben, so verdanken sie diese Läuterung lediglich dem Christentum. Das kirchliche Bestreben hat auch nicht einmal dadurch einen durchgreifenden Erfolg erzielt, daß es sich mitunter mit den menschlichen Leidenschaften verband und sich den Haß gegen andre Religion und Rasse dienstbar machte, denn nur zu bald mußte die Anziehungskraft des Leidenschaftlichen das wahrhaft Kirchliche derart zurückzudrängen, daß eigentlich nur jenes als eine besonders geartete Phase der Mißstimmung und Umsturzbewegung übrig blieb.

Schon bei der letzten Reichstagswahl hatte keine andre Partei so viel Stimmen aufgebracht als die sozialdemokratische. Dreiundzwanzig Prozent sämtlicher abgegebnen Stimmen fielen auf Sozialdemokraten. Trotzdem möchte sich vielleicht mancher damit trösten, daß die Sozialdemokratie an der Undurchführbarkeit ihrer Ideen zu Grunde gehen werde. Wenn sich dieser Trost auf eine Zukunft nach der Auflösung der bestehenden Gesellschaftsordnung beziehen soll, wird ihn wohl niemand trostreich finden, wenn aber damit gemeint ist, daß die Undurchführbarkeit dieser Ideen die Auflösung unsrer Gesellschaftsordnung hindern werde, enthält er einen verhängnisvollen Irrtum. Die Illusionen der Menschen kehren sich nicht an die Möglichkeit ihrer praktischen Durchführbarkeit. So sehen wir, daß sich nicht nur Menschen von durchschnittlicher Denkkraft, sondern Philosophen und Gelehrte für die Abschaffung des Krieges begeistern. Sie kümmern sich dabei nicht um die Erfahrung, daß bisher noch kein Staat ohne Krieg gewesen ist, und daß die Staaten, die sich eines allzulangen Friedens erfreuten, schließlich von blutigen innern Kämpfen heimgesucht wurden. Es scheint aber ein Verhängnis des Menschengeschlechts zu sein, daß es, wie auch Ranke hervorhebt, wie den Seefahrten, so hauptsächlich den Kriegen seine Fortschritte verdankt. Die Nächstenliebe hat weder Hörigkeit noch Sklaverei zu beseitigen vermocht; nur die Not des Massenkriegs schuf aus dem Heloten den Krieger und machte ihn frei. Schließlich könnte auch nichts für die menschliche Natur entwürdigender erscheinen, als daß der Krieg mit allen seinen Gräßlichkeiten nur auf einer willkürlichen Laune des Menschen selbst beruhte und keine unvermeidliche Notwendigkeit in sich trüge. Krieg und Krankheiten lassen sich mildern und minbern, aber nicht prinzipiell vernichten. Hätten jene Optimisten recht, wäre die praktische Undurchführbarkeit der sozialdemokratischen Anschauungen ein wirkliches Hindernis, dann würden sich diese Anschauungen auch nicht immer weiter und weiter verbreiten.

Ist also die Bekämpfung bisher erfolglos geblieben, und darf der Kampf dennoch nicht aufgegeben werden, wenn sich die Gesellschaft nicht selbst aufgeben will, so muß die Frage aufgeworfen werden, auf welche Weise er theoretisch und praktisch geführt werden muß.

In dem theoretischen Kampfe kommt es darauf an, daß man nicht immer und immer wieder die Überzeugungstreue der gegnerischen Führer anzweifelt, und ebenso nicht fort und fort in unerschütterter eigner Überzeugungstreue die bestehende Wirtschaftsordnung mit allen ihren Mängeln als untadelhaft und jede Verbesserungsbestrebung als Utopie und Volksverführung hinzustellen sucht. Solches Gegenübertreten führt zu keinem Ausgleich, sondern reizt nur, und reizt um so mehr, als die Anschauungen, die als unumstößliche Wahrheit vertreten werden, durch und durch unwahr sind. Sie stärken überdies das Selbstbewußtsein der begüterten Minderheit und ihre so überaus schädliche gesellschaftliche Abgeschlossenheit; sie rufen in den Massen, die sich getäuscht und betrogen wähnen, ein Gefühl der Entrüstung wach, das zu anarchischen Explosionen ausarten kann. Wer Verständigung sucht, der darf nicht nur die Schwächen des Gegners sehen, sondern muß darnach trachten, das Berechtigte in der Gegnerschaft und die eignen Schwächen anzuerkennen.

Wenn man will, hat die vorliegende Arbeit den Sozialdemokraten ein klareres Programm gegeben, als sie bisher gehabt haben. Es ist theoretisch der Nachweis geführt worden, daß bei derselben Arbeitsleistung wie bisher ohne Beraubung Einzelner, ohne Nachteil für den Volkswohlstand und das Gesamteinkommen mehr Nahrungsmittel gewonnen und besser für die Bedürfnisse der Massen gesorgt werden könnte. Das sind Zugeständnisse, die dem Verfasser der Arbeit nicht leicht geworden sind, aber sie sollten allgemein gegeben werden, weil sie den Boden der Verständigung ebnen und die Ziele einer gemeinsamen Arbeit vorbereiten können. Sie zeigen freilich die großen Schwächen der freien privatkapitalistischen Wirtschaft, aber sie zeigen gerade dadurch auch den Weg, wie diese Schwächen beseitigt werden können, ohne daß die Grundlage des Bestandes und der Fortentwicklung unsrer Kultur im Privatkapital aufgegeben zu werden braucht. Freilich erfordern die praktischen Maßregeln Opfer, zu denen sich die Gesellschaft auch dann noch so ungern bereit findet, wenn die Gefahr drohend und Eile geboten ist.

Darnach zu urteilen, wie sich der Kampf nun einmal entwickelt hat, vermag keine Theorie unsre Gesellschaftsordnung mehr zu retten; ihr Bestand ist allein von der Menge der Interessenten abhängig, die für sie eintreten. Praktisches Vorgehen wird leicht liebgewordne Theorien verletzen, und wer dann Opfer zu bringen hat, täuscht sich eben gar zu gern damit, daß er ein zu großes Gewicht auf die Nachteile legt und das Übergewicht der Vorteile, zu denen eine praktische Maßregel führen kann, übersieht oder nicht sehen will. Das ist es, was so vielen nützlichen Neuerungen hinderlich ist. Der mythische König, der die Erfindung der Schriftzeichen für einen Nachteil hielt, hat gar nicht einmal geahnt, wie sehr die Schrift in unsrer Zeit mißbraucht werden würde; aber aller Mißbrauch kann die Schrift doch nicht mehr entbehrlich machen. Der Parlamentarismus und die allgemeine Wehrpflicht sind Einrichtungen, die der Theorie der Arbeitsteilung geradezu widersprechen und so viele theoretische Nachteile aufzuweisen haben, daß sie dialektisch nicht durchzusetzen gewesen wären und nur der Not ihre Entstehung verdanken. So muß man wünschen, daß das Drohende der Gefahr richtig erkannt wird und diese Erkenntnis zu Einrichtungen führt, aus denen uns eine genügende Zahl zuverlässiger, für die Sicherung des Bestandes unsrer Gesellschaft materiell interessierter Kämpfer entsteht.[7])

Seit langer Zeit verfolgt unser Staat die Tendenz, die Gründung von Majoraten und Fideikommissen zu begünstigen, und seit einigen Jahren hat er angefangen, der allzu großen Zersplitterung des Grundes und Bodens durch das Gesetz entgegen zu treten. Aber es ist kaum anzuerkennen, daß die allgemeine Wohlfahrt ein wirkliches Interesse daran hat. Auch eine landsässige Bevölkerung, die keine ausreichenden Existenzmittel aus ihrem Grundeigentum zu gewinnen vermag und dadurch die Selbständigkeit verliert, ist noch nicht so abhängig wie der Industriearbeiter. Für diesen wäre auch das kleinste Stück eignen Landes der größte Segen, und die Gefahren der Sozialdemokratie wären überwunden, wenn die Industriearbeiter zu Grundbesitzern gemacht würden. Es wird auch nur das eine gegen die Zwergwirtschaften geltend gemacht, daß die Inhaber ganz kleiner Bodenanteile, die nicht zugleich Erwerb aus der Industrie ziehen, sich nicht zu halten vermögen, sobaß diese Zwergwirtschaften schließlich durch Zusammenlegung zu einer größern Wirtschaft doch ihren Untergang finden. Auch wenn diese Ansicht richtig ist, darf sie doch niemals zu Maßregeln gegen die Zwergwirtschaft führen, da es nicht logisch richtig ist, sich aus Furcht vor dem Tode das Leben zu nehmen, das heißt die Existenz der Zwergwirtschaft zu verhindern, um sie vor dem Untergang zu bewahren. Vielmehr hat der Staat ein sehr großes Interesse daran, der Bildung von Fideikommissen entgegen zu treten. Selbst wenn der Großgrundbesitz nicht darauf angewiesen wäre, statt der höchsten absoluten Erträge die möglichst hohen relativen Überschüsse zu erzielen, oder wenn die Differenz zwischen diesen beiden Erträgen gar nicht so bedeutend wäre, wie sie hier gezeigt worden ist, so könnte der Großgrundbesitz doch niemals so hohe Erträge liefern, als gut fundierte Bauernhöfe, in die er zerteilt würde, die keinen festen Betriebsplan erfordern und freie Wirtschaft gestatten. Es ist nicht verschwiegen worden, daß der Großgrundbesitz durch die Art seiner Kulturen gutes Beispiel gegeben hat, aber die Schulung unsrer Bevölkerung und der Einfluß und die Kenntnisse der Verwaltungsbeamten können dasselbe erreichen und mehr. Daß der Bauer, der mit seiner Familie seinen eignen Grund und Boden bearbeitet, verhältnismäßig höhere Erträge erzielen muß, muß jeder zugeben, der die Zweckmäßigkeit der jetzigen Wirtschaftsordnung verteidigen will. Das sozialdemokratische Wirtschaftsprinzip ist gerade deshalb unhaltbar, weil es die Produktionskraft des Einzelinteresses verkennt. Ein zahlreicher, kräftiger und gebildeter Bauernstand bedeutet eine wirkliche Hebung der Produktivkraft des Landes und sichert durch seine Zuverlässigkeit und Gesundheit dessen Zukunft. Die Meinung, daß der Großgrundbesitz politisch unentbehrlich sei, läßt sich heutzutage nicht mehr verteidigen, um so weniger, als die konservativen Interessen der deutschen Länder im Bundesrate einen bessern Rückhalt haben, als er ihnen durch irgend ein Oberhaus gegeben werden könnte. Nun ist es freilich mit der Abschaffung der Fideikommisse allein nicht gethan, eine neue Agrargesetzgebung ist nötig. Gewiß wäre auch die Bildung von Rentengütern in allen Provinzen des Staates sehr heilsam, aber auch damit allein würde das Ziel nicht erreicht werden. Man wird darauf Bedacht nehmen müssen, in Erbfällen beim Großgrundbesitz die Naturalteilung des Grundes und Bodens durchzusetzen und keine unbegrenzte Pachtung von Grundstücken in einer und derselben Hand zuzulassen. Ebenso ist auch der Umfang der Grundstücke, die vom Eigentümer nicht persönlich bewirtschaftet, sondern einem fremden Verwalter untergestellt werden, auf ein bestimmtes Maß zu beschränken. Die Ausgaben, die dem Einzelnen und dem Lande durch solche Einrichtungen erwachsen, sind keine Kapitalverschwendung, sondern eine wirkliche Kapitalvermehrung für das Land. Während im preußischen Staate 31,7 Prozent der Gesamtfläche über 100 Hektar großer Grundbesitz sind, machen in Frankreich die Besitzungen über 40 Hektar noch nicht 5 Prozent des Gesamtareals aus. Frankreich hat sich aber trotz seiner kostspieligen Kriege, seiner großen verzinslichen Schuldenlast und immensen Ausgaben für Heer und Marine in wenigen Jahren nach seiner Niederlage zu neuer Wohlfahrt aufgeschwungen, und das verdankt es allein seiner Bodenverteilung. Man wird einwenden, daß die größere Bodenzerstücklung in Frankreich nichts gegen die Sozialdemokratie geholfen habe, und daß Frankreich seinen Reichtum nicht dieser Zerstücklung, sondern seinem so ertragreichen Boden verdanke. Wenn aber ein so revolutionär unterminiertes Land wie Frankreich bis jetzt dem Kommunismus siegreich widerstehen konnte, so hat es diesen Erfolg in erster Linie seinen Bauern zu verdanken, und den zweiten Einwand widerlegt der Umstand, daß Frankreich seinen Grund und Boden erst infolge der großen Revolution aufgeteilt hat und, als diese ausbrach, nicht reich war.

Der Großgrundbesitz wird unsern praktischen Vorschlägen zum Vorwurf machen, daß sie nur ihn treffen und das Großkapital ganz unberührt lassen. Diesem wird man aber nur dadurch beikommen können, daß man die Möglichkeit ungleicher Erbteilungen ausschließt, es nötigt, den Bedürfnissen der Arbeiter gerecht zu werden, und den Arbeitern selbst eine konkurrierende Kapitalbildung ermöglicht.

Anmerkungen

1) Innerhalb der Grenzen eines einzelnen Landes läßt sich auch ohne Vermehrung der Gesamtproduktion von Nahrungsmitteln eine Steigerung der Konsumtion dadurch herbeiführen, daß das Volk durch eine andre Güterverteilung befähigt wird, von einer andern Nation Nahrungsmittel zu kaufen. Hierauf wird im dritten Abschnitt näher eingegangen.

2) Schlegel lehrt die organische Zusammengehörigkeit aller Dinge, und Antstihenes, ein Schüler des Sokrates, die Undefinierbarkeit der einfachen Begriffe.

3) Völker mit großer Silberproduktion und bimetallistischer Währung suchen nachzuweisen, daß alle Nationen von der Rehabilitierung des Silbers geschäftlichen Vorteil haben müßten. Das ist einfach unmöglich, denn das Geld kann keine Werte schaffen, und durch die Hebung des Silberwerts wird die Welt im ganzen weder reicher noch ärmer, während die einzelnen Nationen nicht gleichmäßig an dieser Hebung interessiert sein können. Der Reichtum an Geld bemißt sich nicht nur positiv nach dem, was man an Geld hat, sondern auch nach dem, was die andern nicht haben. Bedeutende Vermehrung des Geldvorrats bei einer Nation zieht die Verminderung des Werts des Geldreichtums der andern nach sich. Man wird also

die Sirenengesänge der interessierten Länder zu fürchten haben, da es überall große und einflußreiche Kreise giebt, deren Interesse nicht mit dem des Landes zusammenfällt, und die durch die wirtschaftliche Entwicklung dazu gedrängt werden, wenn sie nicht selbst große Nachteile erleiden wollen, eine Herabdrückung des Geldwerts anzustreben. Ist für die Benutzung des Goldes als Weltgeld die gesamte Goldproduktion wirklich zu klein, dann muß der Goldwert notwendig stetig steigen, und alle Lohnzahler und Schuldner der Goldwährungsländer kommen dann stetig in immer größern Verlust. Der Versuch, diesen Verlust auf Kosten des ganzen Landes auszugleichen, würde mutmaßlich vergeblich, jedenfalls aber ein wirtschaftlicher Fehler sein.

4) Das eiserne Lohngesetz soll jetzt keine Geltung mehr haben. Innerhalb der Weltwirtschaft wird es aber doch wohl eine Wahrheit bleiben, daß sich die Lohnverhältnisse nur bei einer Steigerung oder mindestens bei einer für die Löhnung günstigen Veränderung der allgemeinen Produktion heben können.

5) Man könnte meinen, daß ebenso wie sich die kultivierte Welt einmütig zum Christentum bekennt, in dieser Welt eine Einheit der Sprache entstehen könnte, und daß sich mit der gleichmäßigen Ausbreitung der Kultur über die ganze Erde auf eine vollständige Einheit in Sprache und Religion erreichen ließe. Man vergißt dann aber, daß ein bedeutender Unterschied zwischen einer immer größern Annäherung und einer wirklichen Einheit besteht. Einheitlich ist die Kirche in der kultivierten Welt nie gewesen, und sie hat sich nach der Verschiedenheit der Volkscharaktere auch immer mehr spalten müssen. Die verschiedne Bildung der Sprachorgane der verschiednen Völker würde allein schon eine vollständige Einheit der Sprache verhindern. Die Sprachorgane aber sind derartig abhängig von den geologischen Verhältnissen, die doch nicht einheitlich gestaltet werden können, daß bei einem Wechsel des Wohnsitzes oft

schon die Abkömmlinge in der ersten Generation von ihren Eltern abweichende Sprachorgane nach dem Typus des Landes, in dem sie geboren sind, entwickeln.

6) Jede Familie, die sich in hervorragender Stellung halten will, ist in den Haupt= oder Seitenlinien auf späte Heiraten, Beschränkung der Zahl ihrer Mitglieder oder Ehelosigkeit angewiesen und damit dem sichern Untergange geweiht. Zwar giebt es adliche Familien, die sich eines bis in die grauen Vorzeiten reichenden Stammbaums rühmen. Sage und Geschichte lassen sich dabei aber kaum trennen, und der Heraldiker weiß, daß viel Täuschung mit unterläuft; der Name ist wohl noch da, aber kein Geschlechts= zusammenhang mehr zwischen seinen jetzigen Trägern und den frühern. Das wird ganz klar, wenn wir die Ge= schlechter betrachten, die auf den lichtesten Höhen der Mensch= heit gestanden haben. Ausgestorben sind die Geschlechter der alten Könige auf den Thronen der Juden, Griechen und Römer, des großen Alexander, des weltbeherrschenden Cäsar, ausgestorben die Geschlechter der Merowinger und Karolinger, der glorreichen Hohenstaufen, und wenn wir es genau nehmen, so ist auch der Mannesstamm Habs= burgs längst erloschen, und es ist kein Romanoff, der das Szepter Rußlands führt. Es ist deshalb auch sehr leicht möglich, daß, wenn nach alten Überlieferungen das Zählen der Bevölkerung als eine Sünde gegen Gott verboten war, hierbei die Überzeugung zu Grunde lag, eine Mei= sterung der Natur bei der Volksvermehrung müsse dem Volke verderblich werden.

7) Hätten die Agrarier Recht, daß die Landwirtschaft bei uns nicht ohne besondern Schutz zu existieren vermöchte, so müßte schon diese Ansicht allein zu der Tendenz einer größern Bodenzersplitterung führen, um bei dem allge= meinen Stimmrecht eine Majorität für ausreichenden Schutz der agrarischen Interessen zu gewinnen.

Verlag von Fr. Wilh. Grunow in Leipzig

Geschichtsphilosophische Gedanken
Ein Leitfaden durch die Widersprüche des Lebens
von
Carl Jentsch
In Leinwand gebunden 4 Mark 50 Pf.

Aus den zum Teil sehr umfangreichen Besprechungen:

... Der Bücherschatz des deutschen Volkes ist in diesem Buche um ein Werk bereichert worden, das sowohl seines geistigen Gehalts wie seiner musterhaften Sprache wegen die Beachtung der weitesten Kreise verdient. ... Durch das ganze Buch, das in großen Zügen die Weltanschauung eines auf allen Wissensgebieten bewanderten, geistig ausgereiften Mannes enthält, geht in erfrischender Hauch wahrer Freiheit, die die beengenden Fesseln jeder Einseitigkeit, mag sie sich in Überlieferungen, Systemen und Parteiprogrammen breit machen, abgeworfen hat, ohne dabei den festen Boden unter den Füßen verloren zu haben. Es ist ein viel belesener Denker und ein vorurteilsloser evangelischer Christ, ein wahrhaft sittlicher Charakter und kein prüder Pedant, ein Freund des Vaterlandes und der staatlichen Ordnung und zugleich ein Fürsprecher der notleidenden Klassen, ein warmherziger Kenner der Geschichte der Menschheit und ein idealistischer Schwärmer, der in den „geschichtsphilosophischen Gedanken" zu allen Gebildeten spricht und sie anregt, mit weitem Sinn und offenem Herzen die widerspruchsvollen Erscheinungen in Wissenschaft und Leben zu betrachten.
(Post)

... Dem Verfasser steht, so schließen wir, für seine kulturhistorischen Betrachtungen, so müssen wir seine Arbeit nennen, 1. eine unabhängige Weite des interkonfessionellen Standpunktes, 2. eine ungewöhnliche Fülle von Einzelbeobachtungen im Bereich des umgebenden Lebens aller Stände, sowie 3. eine seltene Belesenheit zu Gebote. Hierzu kommt 4. eine erquickliche Frische und Ungeniertheit der Redeweise, sodaß sich das Ganze gefällig und leicht liest.
(Kreuzzeitung)

Weite Gedankenkreise umfaßt das Buch von Jentsch. Der Verfasser hat sein Werk einen „Leitfaden durch die Widersprüche des Lebens" genannt. Im Besitze von Kenntnissen, deren Ausdehnung und Tiefe gleichermaßen staunenswert ist, begabt mit einer starken Reflexion, die mit glänzender Sicherheit die springenden Punkte der Rätsel des Lebens erkennt und vor keiner Schwierigkeit zurückscheut, vor allen Dingen auch ein Geist, der mit rühmenswerter Unabhängigkeit keiner Schule, keiner Partei folgt, ist allerdings Carl Jentsch zum Führer geschaffen. Und man folgt ihm gern. Das Buch bietet eine solche Fülle der tiefsinnigsten Betrachtungen, daß ich gern gestehen will, seit langen Jahren nichts gelesen zu haben, das mich auch nur annähernd so gefesselt und innerlich befriedigt hätte. Und wie es mir gegangen ist, so wird es zuversichtlich den meisten gehen, die mit dem Wunsche, den Gründen unsrer Geschichte und unsers religiösen wie sozialen Lebens näher zu kommen, dieses Buch in die Hand nehmen.
(Blätter für litterarische Unterhaltung)

Vorweg sei nur in Kürze dem Verfasser gedankt für seine Gabe. Wie man auch zu seinen Anschauungen sich stellen mag — man wird nicht ohne reichste Belehrung und innere Erfrischung von ihm Abschied nehmen. Vor allem wird man seine ernste, kräftige Persönlichkeit, die in einer urwüchsigen und edeln Sprache sich vernehmen läßt, liebgewinnen. Man wird sie um so höher achten lernen, je mehr man erkennt, daß die Freiheit des Umblicks und die Unbefangenheit des Urteils nicht ohne Kampf gewonnen ist.
(Christliche Welt)

Ein tiefer Kenner der geschichtlichen Vergangenheit, ein scharfer Beobachter der Gegenwart, ein Denker und Herzenskundiger erzählt er uns von Gott und Weltzweck, Glück und Fortschritt.... Wir haben seit langem kein Buch mehr so befriedigt, geistig angeregt und gemütlich erquickt aus der Hand gelegt.
(Gegenwart)

Verlag von Fr. Wilh. Grunow in Leipzig

Weder Kommunismus noch Kapitalismus
Ein Beitrag zur Lösung der sozialen Frage
von
Carl Jentsch
In Leinwand gebunden 1 Mark 50 Pf.

Gleich den erwähnten frühern Schriften des Verfassers zeichnet sich auch die vorliegende Schrift durch tiefes Durchdringen des Stoffes, Reichtum an selbständigen Gedanken und große Klarheit bei musterhafter und fesselnder Schreibweise aus. Äußerst wohlthuend ist dabei die Wärme der Überzeugung und des Mitgefühls für die unter den Nachteilen der heutigen Gesellschafts= und Wirtschaftsordnung Leidenden. Und was die Ausführungen Jentschs sowohl in seiner Kritik als auch in seinen Vorschlägen besonders wertvoll macht, ist seine genaue, auf eigner Anschauung beruhende Kenntnis der heimischen Verhältnisse. ... Zur Heilung der wirtschaftlichen und sozialen Schäden unsrer Zeiten ist zunächst die klare Erkenntnis dieser Schäden und ihrer wahren Ursachen erforderlich. Diese Erkenntnis in den weitesten Kreisen zu fördern, erscheint die Jentschsche Schrift, namentlich in ihrem kritischen Teil, in hohem Grad geeignet. (Allg. Ztg.)

... Dabei wird eine wirklich tiefgehende Kritik geübt, in blitzartiger Beleuchtung, mit scharfem Witz, originellen Aufstellungen und den Kennzeichen einer gründlichen kulturgeschichtlichen Bildung. Eine unendliche Reihe trefflichster Bemerkungen und beherzigenswerter Wahrheiten ließe sich aus dem nirgends langweiligen und überall fesselnden Buche zusammenstellen. (Konf. Monatsschr.)

Das vorliegende Werk steht nicht nur hoch über den bereits besprochnen Schriften, sondern überragt auch im allgemeinen die landläufige Flugschriftstellerei sowohl durch seinen Umfang als durch die Bedeutung seines Inhalts bei weitem. Es stammt aus der Feder des bekannten Autors der in dem gleichen Verlage erschienenen „Geschichtsphilosophischen Gedanken" und zeigt die bekannten Vorzüge des letztern. Auch in seinem vorliegenden Werke giebt sich der Autor als einen Mann zu erkennen, der mit offnem und scharfem Blicke in die Welt der Erscheinungen zu schauen versteht und die gewonnenen Erfahrungen nicht nur mit jener unbeugsamen Wahrheitsliebe des echten Forschers wiedergiebt, sondern auch mit Einsicht und Verstand zu einem übersichtlichen System zu vereinigen und zur Grundlage bedeutsamer praktischer Folgerungen zu benutzen weiß. ... Der Kenner dagegen wird das Buch von Carl Jentsch nicht nur mit Genuß, sondern auch mit wahrhaftem Gewinn lesen, denn aus seinen Blättern spricht ein durch und durch edler, vornehmer Geist, der auch dem Gegner ebenso Anerkennung abnötigt, wie er seinerseits ihm volle Gerechtigkeit widerfahren läßt. ... Man braucht kein gelernter Diplomat zu sein, um zu erkennen, daß es eine Perspektive gewaltiger Kämpfe, ja eines Kampfes auf Leben und Tod ist, die der Verfasser hier vor uns aufthut. Er freilich ist in seinem stolzen Patriotismus über den Ausgang des Kampfes nicht im Ungewissen. ... Man mag diese Pläne des Verfassers phantastisch nennen, eine gewisse Größe ist ihnen nicht abzusprechen, und wenn das Glück der deutschen Zukunft nicht ohne Kampf geboren werden kann, dann ist es immer noch besser, die Waffen gegen den äußern Feind zu tragen, als im innern Bruderkampfe der Revolution unsre Volkskraft zu verbluten. (Leipziger Zeitung)

... Wenn man über ein so gehaltvolles Werk wie das vorliegende ein kurzes, summarisches Urteil fällen darf, so würde man es wohl dahin zusammenfassen dürfen, daß der Verfasser in seiner bekannten kernigen, urdeutschen Sprache in frischer, lebendiger Weise den Leser an dem Labyrinth kleiner Einzelfragen vorbei geradeaus mitten hinein in den Kern des weltbewegenden und eventuell die Welt aus ihren Angeln hebenden Grundübels führt und mit strenger Wahrhaftigkeit und Unparteilichkeit das Messer der Kritik ansetzt an die herrschenden Zustände und die bisherigen Bestrebungen zur Besserung derselben. (Reichsbote)